CORES SÃO ESTÍMULOS DE VIDA, SENHORAS ABSOLUTAS DE NOSSO ASTRAL.

© 2017 por Valcapelli
© Fotolia/Leigh Prather

Coordenadora editorial: Tânia Lins
Coordenador de comunicação: Marcio Lipari
Capa e projeto gráfico: Jaqueline Kir
Diagramação: Rafael Rojas
Preparação e revisão: Equipe Vida & Consciência

1ª edição — 6ª impressão
5.000 exemplares — outubro 2021
Tiragem total: 18.000 exemplares

**CIP-BRASIL — CATALOGAÇÃO NA PUBLICAÇÃO
(SINDICATO NACIONAL DOS EDITORES DE LIVROS, RJ)**

V233c

    Valcapelli
        Cromoterapia : o segredo das cores / Valcapelli. - [1. ed.].
- São Paulo : Vida & Consciência, 2017.
        256 p. ; 21 cm

        ISBN 978-85-7722-454-8

        1. Cor - Uso terapêutico I. Título.

15-25789   CDD: 615.85
                                      CDU: 615.85

Todos os direitos reservados. Nenhuma parte desta edição pode ser utilizada ou reproduzida, por qualquer forma ou meio, seja ele mecânico ou eletrônico, fotocópia, gravação etc., tampouco apropriada ou estocada em sistema de banco de dados, sem a expressa autorização da editora (Lei nº 5.988, de 14/12/1973).

Este livro adota as regras do novo acordo ortográfico (2009).

Vida & Consciência Editora e Distribuidora Ltda.
Rua das Oiticicas, 75 — São Paulo — SP — Brasil
CEP 04346-090
editora@vidaeconsciencia.com.br
www.vidaeconsciencia.com.br

VALCAPELLI

CROMOTERAPIA
O SEGREDO DAS CORES

SUMÁRIO

Prefácio 7
Apresentação 9
Capítulo 1 – Luz 12
    Formação do arco-íris 15
    O olho 18
    Visão das cores 19
    Daltonismo e albinismo 22
    Energias, vibrações e ondas 24
    Cores 30
Capítulo 2 – Origem da cromoterapia 36
    Efeito das cores 40
    Ações das cores no organismo 41
    Formas de aplicação da cromoterapia ... 44
    Luz colorida 45
    Tempo de aplicação 48
    Água solarizada com cor 50
    Projeção mental da cor 51
    Respiração colorida 53
    Contato óptico com a cor 54
    Cromologia 55
    Cromosofia 55
Capítulo 3 – Chakras 56
    Chakra Básico 61
    Chakra Esplênico 62
    Chakra Solar 63
    Chakra Cardíaco 64

Chakra Laríngeo 65
Chakra Frontal 66
Chakra Coronário 67

Capítulo 4 – Propriedades das cores 69

Capítulo 5 – A cor na personalidade 117
Cartas cromáticas................................ 143

Capítulo 6 – A cor da roupa.......................149
Influências das roupas coloridas 152
Cores para cada ocasião 168
Cores de roupas para festas 174
Roupas para sair com os amigos 176
Roupas para o trabalho......................... 177
Roupas para procurar emprego............... 179
Cores para o *réveillon* 181

Capítulo 7 – A cor na casa 191
Cores para a sala de estar 194
Cores para a sala de jantar 196
Cores para a cozinha 197
Cores para o banheiro........................... 198
Cores para os quartos........................... 199

Capítulo 8 – As cores na empresa................209
Comunicação holocromática na empresa ...211
Cores indicadas para os setores
das empresas 218

**Capítulo 9 – Índice das cores para os órgãos
e as doenças 225**

Referências bibliográficas 254

PREFÁCIO

Cores são a linguagem da luz.

Falam tão somente aos nossos sentimentos.

Não se pode pensar nelas intelectualmente, mas apenas sentir o que elas nos dizem à alma.

Não há explicação, elas colorem o mundo e nossas vidas. Supremas em suas qualidades de criar atmosferas e nos atingir sem que percebamos os seus poderes e segredos.

Cores são estímulos de vida, senhoras absolutas de nosso astral. No computador elas aparecem com 16.000.000 de tons de cinza e 16.000.000 de tons coloridos perfazendo 32.000.000 de tons de cores que representam os *dots* para compor as imagens no seu vídeo.

Cada um destes tons tem um poder específico. Combinados entre si tornam-se infinitamente poderosos.

Sendo energia pura pode devassar camadas de nossa realidade e influenciar nossa dinâmica energética.

Usá-las com sabedoria para mudar nossos estados e produzir harmonia e saúde é uma ideia fascinante. Banhos de luz colorida, refletida através de uma ponta de cristal para criar um feixe luminoso é no mínimo curioso e surpreendente, afinal somos feitos de pura energia em diferentes densidades.

Os estudos neste livro vão abrir para o leitor curioso deliciosos caminhos de experiências que só o reino colorido da luz pode oferecer.

Luz é vida.

Divirta-se!
Luiz Gasparetto

APRESENTAÇÃO

Neste livro, fiz uma fusão das obras *Cromoterapia — A cor e você,* cuja primeira edição foi lançada pela Editora Roca, dirigida por Maria do Carmo Payá, a quem sou grato por me ter aberto as portas editoriais naquela ocasião e *As cores e suas funções,* lançada em 2001. Desde então, ampliei minha bagagem na área, pois atuei ininterruptamente, angariando vasta experiência e constatando os inúmeros benefícios das cores.

Usei a cromoterapia nas aplicações no consultório, nas ações em empresas e em algumas unidades de saúde, hospitais e outros e hoje divido todo esse conhecimento com os leitores.

Reuni nesta obra muitas informações, com profundo embasamento teórico e prático, numa abordagem focada e completa, possibilitando uma melhor compreensão sobre os benefícios e as formas de utilização da cromoterapia.

Neste livro, serão descritos os significados e as propriedades das cores em diversas áreas da vida em que elas estão inseridas, com sugestões dos tons mais apropriados para roupas em certas ocasiões, para os ambientes da casa, para serem usadas nas empresas, bem como na interpretação das pessoas com as suas cores preferidas.

No tocante à saúde, serão apresentados os benefícios das cores para os órgãos do corpo e para o tratamento energético das doenças. Ao final, consta um índice com 287 itens relacionados ao corpo, com as cores que promovem a saúde física e emocional. Em todos eles constam o tempo de aplicação e o método de utilização da técnica.

As cores estão presentes em todos os momentos. Elas abrilhantam o nosso dia e favorecem a interação com a vida e com as pessoas de nosso convívio, influenciando positivamente nossas emoções, nossos pensamentos, nossos sentimentos e nossa desenvoltura física. O estudo da cromoterapia possibilita o emprego adequado das cores, permitindo inúmeros benefícios a quem as usa e a todos que estão em volta.

A tecnologia amplia a gama de cores dos pigmentos, disponibilizando no mercado milhares de tons que podem ser usados para pintar as paredes, em objetos e nos tecidos das roupas; também existe uma infinidade de luzes coloridas para serem introduzidas nos ambientes. Todos esses recursos proporcionam inúmeros benefícios às pessoas que usam as cores no cotidiano.

Para que as cores não sejam usadas aleatoriamente ou apenas pela preferência de quem escolhe, sem levar em consideração os critérios de propriedades ou de benefícios, a leitura deste livro ajuda o leitor a escolher de forma mais consciente e assertiva.

As cores não serão mais selecionadas meramente pela preferência pessoal de alguém, e sim por seus benefícios, tornando seus momentos mais agradáveis e a convivência entre as pessoas mais feliz e saudável.

Com certeza, você, leitor, após mergulhar nesse mar de propriedades, encantos e significados do mundo das cores, não mais as introduzirá, aleatoriamente no seu cotidiano. O conhecimento dos benefícios que elas carregam em si fará toda a diferença na hora de escolher a cor para cada ocasião. As cores serão mais observadas, admiradas, tornando a vida de todos ainda melhor. Procure vivenciar as sensações e identificar o que elas despertam em você, antes de optar por aquela cor que vai acompanhá-lo naquele dia, fazendo parte da sua vida.

CAPÍTULO 1

Luz

A curiosidade humana percorreu longo caminho de estudos investigativos para identificar e definir as características da luz. Muitos pesquisadores dos séculos 17 e 18 formularam teorias, que são válidas até os dias de hoje.

O físico e matemático inglês Isaac Newton é considerado um dos pesquisadores mais expressivos no estudo sobre os raios luminosos. Ele sustentou a teoria de que a luz é constituída por pequenos corpúsculos ou partículas que são emitidos pelas fontes luminosas. As principais fontes que emitem luz são o sol, o fogo e, na atualidade, as lâmpadas elétricas (fluorescentes, dicroicas, *leds* e outras). A partir da emissão dos raios luminosos, eles se deslocam em linha reta (retilínea) e com velocidade constante. Segundo o físico escocês Maxwell, a luz visível é uma energia radiante que se propaga em forma de ondas eletromagnéticas.

A luz é responsável pela percepção do mundo físico visível, ela possibilita a identificação visual do meio em que vivemos. Ao atingir um objeto denso ou opaco, a luz é refletida e caso esse objeto seja transparente, a luz o atravessará. Tudo o que vemos, seja próximo, seja distante, é porque a luz incide e reflete, atingindo o nosso olho, possibilitando a percepção visual e a consequente identificação do que existe no campo material.

Sobre o conceito da propagação retilínea do raio luminoso foi constituída a óptica geométrica da luz. Vários pesquisadores desenvolveram algumas teorias a esse respeito, dentre elas destaca-se a do físico irlandês William R. Hamilton e do matemático alemão Carl F. Gauss. Segundo eles, os raios luminosos são independentes uns dos outros; eles percorrem trajetos paralelos ou no sentido oposto, mas não se misturam. Um raio não interfere na trajetória de outro raio.

Caso um raio de luz esteja seguindo numa trajetória e encontre um objeto, ele refletirá fazendo um percurso contrário, até completar a sua trajetória inteira. Esse raio pode cruzar com outros raios, originados da mesma fonte luminosa ou de outras fontes, que estejam percorrendo direções diferentes, mas eles não vão se misturar. Essa é a base do princípio da reversibilidade da luz. Um exemplo disso é se virmos alguém através de um espelho, certamente essa pessoa também nos verá. Mesmo com o cruzamento dos raios luminosos eles não se confundem, possibilitando a identificação distinta de cada sinal luminoso.

A teoria da óptica geométrica da luz define o processo de reflexão angular do raio luminoso. Quando ele atinge uma superfície polida, reflete numa perpendicular, formando um ângulo entre a incidência e a reflexão.

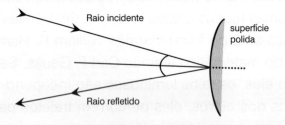

Esta teoria de reflexão angular do raio luminoso comprova a experiência de Newton. Ele verificou que um raio de luz branca ao atravessar um prisma de vidro ou de cristal, se decompõe em feixes coloridos, os quais foram denominados: "Espectro da Luz". A decomposição da luz ocorre porque cada cor tem um ângulo de refração diferente, conforme descrição mais à frente.

Outra importante experiência dele é o conhecido disco de Newton, geralmente utilizado nas escolas durante as aulas de Física, trata-se de uma esfera toda colorida, que é fixada num dispositivo mecânico, que possibilita sua movimentação. Ao girar rapidamente esse disco, as cores se fundem, proporcionando a sensação visual do branco. Portanto, a luz branca é a junção de todas as cores.

No tocante ao ângulo de refração da luz, os matemáticos Hamilton e Gauss concluíram que o raio de luz refletido forma um ângulo em relação ao raio incidente e que as cores têm ângulos diferentes umas das outras, sendo o ângulo do violeta, menor do que o ângulo de reflexão do vermelho. A decomposição da luz se dá quando o raio penetra em um meio transparente, seja de vidro, de cristal, de partículas de águas ou outros; eles promovem a refração diferente para cada cor. Esse fenômeno é denominado dispersão da luz.

Formação do arco-íris

A grande quantidade de gotículas de água suspensas na atmosfera, antes ou depois da chuva, cria um ambiente propício para surgir o arco-íris. Com a incidência dos raios solares que atravessam essas partículas de água ocorre a decomposição da luz do sol. A cor vermelha cobre a parte externa de cada gota d'água, enquanto o violeta fica no centro das partículas aquosas. Essa reação em cadeia ocorre simultaneamente em bilhões de gotículas. A posição simétrica entre a luz do sol que atinge as partículas de água suspensas forma um ângulo com o olho do observador, possibilitando a visão do arco-íris. Por isso, é mais comum avistar o arco-íris nos dias chuvosos ou em regiões com elevada umidade na atmosfera, como cachoeiras e outras.

Para formar o ângulo, o sol precisa estar próximo ao horizonte, no nascente ou no poente. Ele é mais avistado nas manhãs ou nas tardes. O arco-íris surge na posição oposta à da luz. O sol precisa estar nas costas do observador para ser visto à frente.

A disposição de cada cor no arco-íris é sempre a mesma. O violeta cujo ângulo de refração é de 41 graus, está no interior e o vermelho encontra-se na parte externa, devido seu ângulo ser de 43 graus. Entre essas duas cores, percebemos cinco outras cores dispostas sequencialmente de acordo com a variação angular de cada uma. As sete cores do arco-íris, vistas de fora para dentro são: vermelho, laranja, amarelo, verde, azul, índigo e violeta.

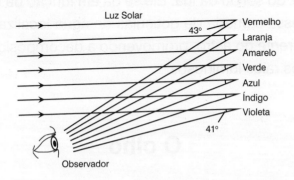

O arco-íris que alguém vê não é o mesmo observado por outra pessoa a apenas dois metros de distância; pois, as gotículas que refletem uma cor de acordo com o ângulo entre o sol e o olho, não são as mesmas que refletem aquela cor para quem está em outra posição.

Ao nos movimentarmos em direção ao arco-íris, vai mudando a sua disposição, necessitando de mais partícula para manter o ângulo de observação das cores. Conforme ocorrem falhas na camada de água suspensa, vão faltando algumas partes até o momento em que ele desaparece completamente por não haver mais partículas para refletir a luz e as cores.

Existe um fenômeno semelhante: trata-se de um anel luminoso que se forma em torno da luz do sol ou da lua. Ele se dá em função da espessa camada de gotículas de água localizada à frente do astro, promovendo a decomposição dos raios luminosos.

O olho

A camada pigmentada do globo ocular denominada Izheim, localizada próxima à retina, absorve os raios luminosos, evitando a reflexão dos mesmos. Caso houvesse a reflexão, provocaria um embaçamento das imagens, dificultando a visão.

Os raios luminosos fazem toda a trajetória da fóvea (ponto de maior percepção visual). A partir dela é realizada a química da visão e os sinais são enviados pelas células fotorreceptoras aos nervos ópticos, que os enviam para o córtex cerebral.

Quando a atenção é atraída para um objeto, os olhos se movem na sua direção a fim de fixá--lo. Os raios luminosos provenientes das fontes externas e captados pelos olhos incidem sobre a fóvea e provocam reações químicas, transformando-os em impulsos nervosos, que serão conduzidos pelos nervos ópticos, até a área do córtex cerebral responsável em processar e identificar os estímulos visuais.

Visão das cores

Existem duas classes de células sensoriais fotorreceptoras no globo ocular que captam os sinais luminosos e as cores: são os bastonetes e os cones. Os bastonetes são sensíveis a pouca luz, possibilitando a visão noturna, eles não têm sensibilidade à cor. Já os cones são responsáveis pela percepção da alta gama de luminosidade e das cores. Os cones são sensíveis a um tipo de onda colorida, eles identificam as três cores primárias da luz: verde, azul e vermelho. A partir da interação dessas três cores, enxergamos uma infinidade de tons.

As cores primárias da luz são as três mencionadas anteriormente. As cores primárias dos pigmentos da tinta colorida são diferentes: amarelo, azul e vermelho. Da mistura de duas cores primárias surgem as secundárias (azul + vermelho = violeta), da mistura de uma primária com uma ou mais secundárias surgem as cores terciárias (violeta + vermelho = magenta arroxeado) e assim o marrom e todas as cores. O mesmo ocorre com a percepção visual dessas cores, os cones sensíveis às cores primárias são estimulados simultaneamente para enxergarmos a variada gama de cores.

O branco é o estímulo em igual proporção dos três grupos de cones. O preto, por sua vez, é a sensação produzida pela ausência da luz, e quando essa luz atinge uma superfície preta não há reflexão. A ausência de sinais luminosos de um objeto de cor preta gera um contraste com os raios luminosos, refletindo tudo o que está em torno. Como daquela parte da imagem não ocorreu nenhum reflexo luminoso ou colorido que estimulassem os cones, interpretamos a existência da cor preta naquele local.

As cores possuem mais três atributos: matiz, intensidade e saturação. O matiz é a união das cores misturadas em proporções variadas. A intensidade é o grau de propagação da energia da cor, podendo ser mais forte ou mais fraca. A saturação é o estímulo excessivo da cor ou a permanência prolongada diante de uma cor forte, causando sensações de desconforto e de repúdio. Para minimizar o nível de saturação de uma cor deve-se misturá-la ao branco. Nesse caso, obtém-se os tons pastéis da cor. É o caso do bege (marrom + branco = bege).

Esses aspectos são importantes para o uso da cor no ambiente. Uma cor forte na decoração satura com facilidade, enquanto os tons pastéis favorecem a permanência prolongada das pessoas no recinto. Ao pintar as paredes internas da casa, evite os tons fortes. Após alguns meses as pessoas que estão diariamente nesses locais ficarão incomodadas com as cores intensas e vão querer trocá-las, pois já saturaram os moradores. Basicamente, para introduzir uma cor forte, é ideal que seja numa pequena parede ou nos detalhes, de forma a não ocupar todo o campo visual dos habitantes.

Daltonismo e albinismo

Trata-se de condições alteradas da visão, que modificam a percepção de cores. Vamos conhecer suas características e quais são as medidas cromoterápicas apropriadas para essas pessoas.

Daltonismo

O termo é em homenagem ao cientista inglês John Dalton, que possuía esta deficiência e foi o primeiro a realizar sistemáticos estudos sobre a incapacidade para enxergar certas cores. Daltonismo é o nome mais comum para Acromatopsia, que é a incapacidade de distinguir cores. Essa é uma condição hereditária.

A forma mais comum de manifestação desse distúrbio visual ocorre em cerca de 8% da população masculina. É a incapacidade de distinção entre os dois grupos de cones, sensíveis às cores: vermelho e verde. A disfunção desses cones visuais faz que a pessoa não identifique essas duas cores nos materiais impressos. Diante de dois objetos nessas cores ela não distingue um do outro. No entanto, diante de duas luzes acesas, sendo uma de cada cor, ela percebe que as luzes estão acesas, mas não diferencia uma da outra. Desse modo, os daltônicos podem dirigir, pois a posição das cores dos semáforos é padronizada. Quando enxergam a luz inferior do farol de trânsito, sabem se tratar do verde para passar e a superior acesa representa o vermelho, devendo parar imediatamente.

No que diz respeito ao uso das cores em pessoas daltônicas, o efeito cromoterápico não sofre quaisquer alterações de propriedades terapêuticas das cores.

Albinismo

É a ausência congênita total ou parcial de pigmentos na pele, no cabelo e na íris. Também denominado monocromatismo, essa deficiência diminui a visão das cores. A pessoa identifica a claridade, no entanto é incapaz de definir adequadamente os contrastes e as matizes. Ela vê somente o branco, o preto e as tonalidades de cinza.

Os cones permanecem preservados, para identificar o branco é necessária a interação entre eles. Mas o olho não capta, tampouco processa adequadamente os raios coloridos.

No tocante à aplicação de cromoterapia nas pessoas albinas, não há restrições, deve-se apenas evitar o uso do vermelho. As funções terapêuticas das cores são mantidas, promovendo os mesmos benefícios cromoterápicos.

Energias, vibrações e ondas

A primeira manifestação da energia ocorre em forma de vibrações. Um campo energético pode se manifestar de diversas maneiras, depende das fontes geradoras que o emitiu e dos agentes físicos que o absorvem. No corpo humano, por exemplo, a energia dos nossos sentimentos pode invadir a mente e produzir pensamentos, esses já são vibrações mentais que se propagam no ambiente. Os pensamentos também podem se manifestar nas cordas vocais, vibrando-as e produzindo o som da voz, que se propaga em forma de ondas sonoras, tornando-se audível para as pessoas ao redor.

A energia tanto precede as vibrações, quanto são produzidas por elas. Do atrito nas cordas de um violão são produzidos os sons. A pressão das águas da represa da usina hidrelétrica, que atravessa uma estreita fenda onde se encontra uma turbina, produz a eletricidade, e assim por diante. Energias e vibrações interagem entre si e estão associadas umas às outras, de forma que é difícil definir quais surgem primeiro. Pode-se referir a energia da pessoa ou as vibrações que ela emite. A todo momento, estamos produzindo energias e emitindo vibrações.

Todas as formas de vibrações produzem ondas que se propagam em alta velocidade, alcançando longas distâncias. De maneira mais simples, pode-se dizer que ondas são vibrações que caminham, ampliando o campo de manifestação da energia. Elas não estão sujeitas às leis da matéria, transcendem os fatores tempo e espaço. Uma energia produzida no passado e num determinado local pode se manifestar no momento presente, ou em outro local.

Resumidamente, a energia é a fonte das vibrações que se propagam em forma de ondas, atingindo um campo além daquele em que foram produzidas. Onde quer que as ondas encontrem ressonância com a sua frequência oscilatória, ela se manifesta, reproduzindo o mesmo padrão energético da sua origem.

Vivemos num mundo repleto de energias, estamos imersos num mar de vibrações, que nos envolve a todo instante. Quando estabelecemos sintonia com um tipo de onda, entramos naquela frequência e imediatamente internalizamos as vibrações condizentes ao que sentimos. Sem ressonância não há interferência de energias externas. Quando algo nos afeta é porque vibramos na mesma faixa, potencializando determinadas energias que podem tanto nos ajudar, quanto nos prejudicar.

As ondas representam manifestações provocadas pelas vibrações e oscilações, que se propagam em qualquer meio e irradiam para diversas direções. Elas são definidas por características como a amplitude e a frequência. A amplitude representa o percurso de uma oscilação (distância de A e B); a frequência é o número de oscilações em unidade de tempo (número de vezes percorrido de A até A, passando pelo ponto X).

De acordo com a fonte emissora de uma onda, será definido um padrão vibracional específico para aquele tipo de irradiação, que irá se manifestar em ambientes afins. Por exemplo, as ondas sonoras são captadas no corpo humano pelo aparelho auditivo; as ondas luminosas são captadas pelos olhos etc.

As características das ondas sofrem pequenas variações de frequências que definem as suas propriedades. As ondas hertzianas, que são as ondas de rádio, são transmitidas por osciladores elétricos, sendo captadas pelo aparelho de rádio, que está modulado numa faixa específica para sintonizar as diversas emissoras (FM, AM etc.). Em cada uma dessas faixas, existem diferentes frequências, sendo uma para cada emissora. No aparelho de rádio é possível ajustar a sua frequência para estabelecer a ressonância com a onda da emissora e começar a ouvir a sua programação musical.

O som produzido por um instrumento musical, por exemplo, possui variadas notas (do, ré, mi, fá, sol, lá e si). O mesmo ocorre com as ondas luminosas, elas são compostas por uma variedade de cores. Existe uma correlação entre as diferentes ondas, que reforçam as energias que elas conduzem. As ondas sonoras possuem frequências equivalentes às ondas luminosas. Em virtude dessas equivalências são feitas as relações entre as diferentes técnicas terapêuticas e os estudos de diferentes elementos. São estabelecidas as relações vibracionais entre as notas musicais e as cores. A nota "dó" equivale a cor vermelha; o "ré" ao laranja; "mi", amarelo, "fá", verde; "sol", azul; "lá", índigo; e o "si", violeta.

Na prática, a associação de técnicas terapêuticas reforçam os benefícios da cromoterapia. Usar uma cor aliada a um tipo de música que vibra na mesma frequência, reforça as propriedades das cores. Em vez de notas musicais, a seleção de música poderá ser feita pelos ritmos das músicas. Dê preferência a músicas mais agitadas ou aceleradas durante a aplicação das cores: vermelho, laranja e amarelo; e músicas calmas ou serenas durante a aplicação das cores: azul, índigo e violeta.

As ondas são compostas de elementos. Ao todo descobriram-se cinco elementos contidos nas ondas: forma, som, aroma, temperatura e cor. Uma onda produzida contém em si todos esses elementos, manifestando apenas aquele que a originou. Exemplo, do atrito nas cordas dos instrumentos surge o som, que é captado pelos sensores sonoros. Durante o atrito nas cordas, além do som produzido, também surgiram outros elementos como o calor, a forma e outros. A queda de uma pedra na superfície de um lago, por exemplo, gera uma onda que se propaga pela água, conduzindo alguns elementos como a forma, que foi gerada no momento da manifestação, o som, a temperatura e outros.

Portanto, quando usamos um elemento de onda, no caso, a cor na cromoterapia, podemos aliar outras técnicas e usar, por exemplo, as formas da radiestesia, os aromas da aromaterapia e o som da musicoterapia. Essa junção de técnicas potencializa o efeito da mesma energia. Apesar das técnicas terapêuticas possuírem os seus efeitos, elas podem serem usadas em conjunto, para ampliar a eficiência e potencializar seus efeitos. O importante é ter profundos conhecimentos sobre cada técnica, para depois usar os agentes da outra técnica como reforço terapêutico.

Cores

As cores são componentes da luz branca. Com a mesma velocidade do deslocamento da luz (trezentos mil quilômetros por segundo), cada cor possui comprimento de onda que é medida por uma unidade conhecida por Angström (Å), essa unidade mede um décimo de milionésimo de milímetro.

O comprimento das ondas luminosas, que se manifesta no mundo físico visível, oscila entre 7.000 a 4.000Å, as variações dentro dessa escala, provocam as sensações visuais de diferentes cores. Cada cor vibra dentro de uma escala que segue os seguintes valores: o vermelho varia entre 6.700 e 6.200 Å; o laranja de 6.200 e 5.900 Å; o amarelo de 5.900 a 5.600 Å; o verde de 5.600 a 5.100 Å; o azul de 5.100 a 4.700 Å; o índigo de 4.700 a 4.500 Å; e o violeta de 4.500 a 4.000 Å.

As cores que percebemos nos objetos são produzidas pela incidência da luz branca sobre a superfície coberta por pigmentos (tinta), ou na sua condição normal. Ao receber a luz branca, os objetos anulam algumas frequências das cores, expelindo apenas aquela que dá a sensação visual da cor daquele objeto. A cor que enxergamos é aquela que foi expelida, ficando retidas as demais.

A luz branca é formada pelas sete cores do arco-íris mencionadas anteriormente, com os seus respectivos comprimentos de ondas (vermelho, laranja, amarelo, verde, azul, índigo e violeta). Elas podem refletir individualmente, dependendo da cor dos objetos ou misturar alguns desses raios e resultar em novas combinações. Caso atravesse um prisma transparente, a luz branca se decompõe, formando o espectro contendo as sete cores.

Básicas complementares

Complementares são as cores que, misturadas entre si, obtêm a totalidade, no caso da luz, o branco; e da tinta, o preto. Para compreender a composição das complementares, começamos pelas cores básicas ou primárias. As três cores básicas do pigmento são: o amarelo, o azul e o vermelho. E as três básicas da luz são:

verde, azul e vermelho. A diferença está no amarelo e no verde. Na luz, o amarelo surge a partir da interação entre o verde e o vermelho, tornando-se uma cor secundária. O mesmo ocorre no pigmento, o verde surge da mistura do amarelo e do azul, sendo ele uma cor secundária.

A complementar de uma cor é aquela que falta na sua mistura para obter as demais do espectro e atingir a totalidade da luz. É aquela que ocupa um lugar oposto no círculo das cores (ver imagem na quarta capa). A cor complementar do vermelho é o azul, do laranja é o índigo, do amarelo é o violeta e do verde é o magenta ou lilás.

Existe um fenômeno óptico para ver essas cores complementares, basta olhar fixamente por um minuto numa superfície colorida ou para uma luz colorida acesa. Em seguida dirigir o olhar para uma parede branca que a cor complementar daquela que foi saturada graças à fixação excessiva vai surgir espontaneamente. Este fenômeno ocorre por causa da saturação dos cones (células do olho sensível às cores). Ao olhar para a superfície clara, surge uma sombra na superfície, conhecida como pós-imagem; trata-se do estímulo espontâneo dos cones que ficaram inibidos e do relaxamento dos cones saturados pela cor.

Na concepção cromoterápica, o conceito de complementaridade embasa os efeitos positivos das cores sobre as disfunções do corpo. Em um órgão hiperestimulado, por exemplo, energeticamente ele possui vibrações do vermelho e o tratamento é feito com o azul que neutraliza os movimentos e a expansão exagerada; com a suavidade do azul esse estado é neutralizado. O mesmo ocorre em um órgão retraído, cujas funções se encontram abaixo do necessário, energeticamente pode-se dizer que ele se encontra na frequência do azul e precisa ser estimulado com o vermelho, que tanto neutraliza os excessos do azul, quanto promove o estímulo necessário para o seu bom funcionamento e o resgate da saúde.

Terapeuticamente, as cores são usadas para neutralizar as condições excessivas do corpo e restabelecer a saúde. No entanto, elas não devem ser usadas seguidamente na mesma região do corpo, pois uma anula a outra, perdendo o seu efeito terapêutico. Usar o laranja e em seguida aplicar no mesmo local o índigo, o que foi aplicado por último anulará o efeito da anterior.

Numa sessão de cromoterapia não se deve usar as cores complementares. Para fazê-lo precisa aguardar no mínimo duas horas para aplicar a complementar no mesmo local. Caso seja necessário o uso das cores opostas, pode-se aplicá-las em outro local do corpo, ou usar o verde como intermediário. Nesse caso o efeito da primeira cor aplicada é reduzido, mas não chega ao extremo de anular os benefícios terapêuticos.

Cores quentes e cores frias

As cores do espectro da luz podem ser separadas por dois grupos. Essa divisão é com base num dos elementos das ondas luminosas, a temperatura. Como visto anteriormente as ondas são compostas de cinco elementos conhecidos pelo homem. A temperatura é um desses.

Existe o grupo de cores consideradas quentes e as frias. Elas estão dispostas cada uma de um lado e dividem o espectro da luz em duas faces. O verde fica no centro e ele é considerado, no tocante a temperatura, como uma cor neutra.

As cores quentes são: vermelho, laranja e amarelo. Elas transmitem sensações de calor; propagam maior luminosidade e são consideradas cores claras. De modo geral suas propriedades são excitantes, estimulantes, expansivas e dinâmicas. Elas favorecem a interação com o ambiente e com as situações ao redor. São consideradas cores da vida, pois relacionam-se aos acontecimentos presentes.

As cores frias são: azul, índigo e violeta. Elas transmitem sensações de frio; associam-se a água, ao gelo e ao céu; são consideradas cores escuras, pois propagam menos luminosidade. São de natureza calmante, relaxante e envolvente. Remetem aos aspectos extrafísicos, energético e emocional, englobando o plano espiritual.

CAPÍTULO 2

Origem da cromoterapia

Registros sobre as propriedades das cores e o uso na saúde constam nas civilizações antigas do Egito. Nos grandes templos de Karnak e Tebas foram descobertas salas coloridas, que sugeriam o uso da cor na saúde. Os arqueólogos encontraram outros templos, construídos de tal forma que os raios do sol refratavam as cores do arco-íris nas salas. Especula-se que eram usadas para o tratamento de saúde. Os egípcios construíram a cidade Heliópolis, que significa cidade do sol. Nela, as cores também estavam presentes nos ambientes de tratamentos de saúde.

Também a relação dos deuses egípcios com as cores comprovavam o profundo conhecimento daquela civilização quanto aos efeitos das cores. Thoth, por exemplo, tinha o poder de despertar os centros espirituais do cérebro, ele era representado pela cor azul, cuja função condiz com os aspectos dessa divindade. Ísis, era a deusa da sabedoria, representada com o raio amarelo, essa cor sugere estímulo da mente. Osíris era responsável pela vida do homem, sua cor é vermelho, que promove vigor físico. O povo egípcio considerava as cores como forças ativas dos talentos do homem. O vermelho estimula o físico, o amarelo desperta o mental e o azul conota com o espiritual.

Outro emprego de cores para a saúde é por meio da confecção de água energizada. Essa técnica era utilizada no Egito, na Índia, na China e em outros países. A forma de energizar a água era por meio de pedras coloridas. Esses povos concebiam que as pedras continham a energia concentrada das cores. Ao colocá-las em um recipiente de água, a energia era transferida para a água, acentuando as propriedades terapêuticas.

As civilizações antigas possuíam conhecimentos sobre as propriedades das cores para o restabelecimento da saúde, o equilíbrio emocional e a elevação espiritual.

Embora a cromoterapia tenha as suas raízes no passado, ela ressurgiu em nossos tempos a partir dos experimentos realizados em plantas pelo inglês Robert Hunt. Ele descreveu as influências exercidas pelas cores no crescimento das plantas.

O primeiro livro publicado acerca da aplicação da cor para fins terapêuticos foi no ano de 1877. A obra tratava basicamente do uso do vermelho como estimulante e do azul como calmante. No ano seguinte, o doutor ED. Babbitt publicou sua monumental obra, descrevendo os efeitos das sete cores do espectro da luz como agentes de cura. Contudo, foi o cientista indiano Dinshah P. Ghadiali, que descobriu os princípios científicos que explicam porque e como os diferentes raios coloridos têm efeitos terapêuticos sobre o organismo. Após vários anos de pesquisas, Ghadiali publicou em 1933, uma obra-prima sobre a cromoterapia. Ele trabalhou, lecionou nos EUA e desenvolveu vários tipos de lâmpadas coloridas que passaram a ser usadas com finalidades terapêuticas.

Segundo Ghadiali as cores representam potenciais químicos que vibram em frequências elevadas. Para cada órgão ou sistema do corpo humano, há uma cor que estimula e outra que inibe o seu funcionamento. Conhecendo a ação de diferentes cores sobre cada órgão, pode-se aplicar a cor apropriada para preservar a saúde. As doenças se instalam no corpo quando o equilíbrio energético dos órgãos é perturbado. A aplicação das cores visa a resgatar a harmonia vibracional dos órgãos afetados, restabelecendo a saúde física e emocional.

A cromoterapia consta na relação das principais terapias complementares reconhecidas pela Organização Mundial da Saúde (OMS), desde 1976. O levantamento para a inclusão foi baseado na conferência internacional de atendimentos primários em saúde, realizada na cidade de Alma-Ata, no Cazaquistão, no ano de 1962.

O fato de ela constar nessa relação, não significa que tenham sido comprovados cientificamente os efeitos das cores. Até o presente momento existem alguns trabalhos em andamento para provar o efeito terapêutico das cores sobre o organismo. Tão logo os estudos sejam concluídos e comprovados pela comunidade científica, seguramente serão publicados, tornando o uso da cromoterapia uma modalidade comprovada cientificamente.

Mesmo sem o respaldo científico para a aplicação das cores, a cromoterapia conta com a simpatia popular. Algumas pessoas que conhecem a técnica, a buscam quando estão com algum problema de saúde ou visam ao reequilíbrio energético ou emocional.

Efeito das cores

A luz é o princípio básico da vida orgânica. Além de fornecer calor, favorece os processos bioquímicos da natureza. Sua presença é indispensável ao desenvolvimento dos vegetais, permitindo a eles realizarem o processo de fotossíntese, que consiste na absorção e fixação do gás carbônico presente na atmosfera e na produção do oxigênio, que é imprescindível para o reino animal e para a vida humana. Esse processo demonstra o perfeito equilíbrio entre os reinos vegetal e animal.

As plantas absorvem os raios luminosos, consequentemente as cores contidas na luz, que passam a compor as moléculas dos vegetais. Num dado momento, partes das cores absorvidas da luz são eliminadas na flor. Em seguida, surgem os frutos contendo outras cores. Geralmente eles são compostos pelas cores que não foram eliminadas nas flores e também cores complementares das flores. No maracujá, por exemplo, a flor possui tonalidades do vermelho e do azul, formando uma nuance violeta; a cor complementar do violeta é o amarelo, justamente a cor do maracujá.

Grande variedade de vegetais e frutas serve de alimentos para o homem. A partir da ingestão, o processo digestório desassocia as moléculas dos vegetais, liberando as substâncias necessárias para a manutenção do corpo humano. Pode-se dizer que alguns fatores nutricionais consistem na luminescência dos alimentos vegetais.

As cores não são estranhas ao organismo, o corpo está apto a metabolizar as substâncias coloridas. O emprego das cores na terapia objetiva proporciona ao organismo energias luminosas, visando ao reequilíbrio das funções orgânicas.

Ações das cores no organismo

A ação das cores independe de a pessoa que está recebendo acreditar ou não. As cores vão produzir os seus efeitos terapêuticos, seja numa criança, seja em animais. Mesmo quando aplicadas em pessoas de olhos fechados ou deficientes visuais, seus efeitos serão os mesmos.

As cores aplicadas no organismo não ressuscitam as células mortas. As suas funções consistem na restauração dos campos energéticos do corpo, proporcionando condições para a produção de novas células, ou a regeneração das células afetadas por alguma doença. O uso de cores apropriadas mantém as vibrações propícias ao bom funcionamento biológico. Essa harmonia energética resulta em saúde e bem-estar físico e emocional.

Além das causas físicas das doenças, elas estão associadas a variações dos campos de energias que gravitam em trono dos órgãos afetados. As variações dessas vibrações ocorrem em virtude dos padrões emocionais. Segundo os princípios da Metafísica da Saúde, as doenças estão relacionadas com a repressão das qualidades inerentes ao Ser, bem como aos conflitos de ordem psicoemocionais.

As cores agem nos campos vibracionais do corpo, promovendo simultaneamente reações nos órgãos, modificações no campo energético e estabilidades emocionais. O efeito é energético e a sua ação no organismo é sutil, mas os benefícios são notados durante a aplicação ou mesmo depois do seu uso. A aplicação da cor adequada proporciona saúde, bem-estar e conforto emocional.

De modo geral, as cores frias do espectro — o azul, o índigo e o violeta — possuem efeitos calmantes e relaxantes; as cores quentes: o vermelho, o laranja e o amarelo são cores estimulantes e excitantes; e o verde possui efeito equilibrador.

Quanto mais intensas ou puras forem as tonalidades das cores, mais penetrantes e fortes são os seus efeitos. A cromoterapia utiliza o mais puro matiz da cor para obter maiores benefícios terapêuticos.

O que acontece ao usar as cores indevidas ou desaconselhadas pela cromoterapia? As cores são vibrações puras e naturais, elas não agridem o organismo.

As cores do espectro visível da luz estão no mesmo padrão vibracional do corpo, não se trata de energias estranhas que poderão provocar algum dano ao organismo. Ao receber a irradiação da luz colorida projetada sobre os órgãos, as células fazem uma espécie de seleção energética, retendo a frequência necessária e eliminando a cor aplicada indevidamente.

Caso seja usada uma cor desnecessária, o corpo a elimina sem causar danos. O tempo máximo para o organismo desvencilhar-se de uma cor aplicada indevidamente é de duas horas. Ao usar quaisquer cores do arco-íris, em nenhuma hipótese, elas vão produzir efeitos nocivos ao corpo, tampouco deixar sequelas.

Formas de aplicação da cromoterapia

A cromoterapia consiste no uso das sete cores do arco-íris, que são aplicadas na região do corpo, que apresenta alguma disfunção. O número de cores usadas durante uma sessão de cromoterapia depende da necessidade da pessoa que vai receber a aplicação. Pode ser uma cor, mas geralmente são duas ou três numa mesma sessão.

A aplicação poderá ser feita de maneira preventiva, energizando o órgão com a cor relacionada a ele. Ao aplicar a cor condizente na respectiva região do corpo ou sobre o chakra correspondente, poderá prevenir alguns eventuais distúrbios, evitando a manifestação de certas doenças.

Outra maneira de aplicação da cromoterapia é remediativa, ou seja, quando já existe algum distúrbio físico ou emocional. Neste caso, serão aplicadas as cores que possuem propriedades terapêuticas específicas para a queixa apresentada. Não há necessidade de aplicar a cor correspondente ao órgão; a menos que além de tratar o mal que o aflige, com a cor indicada, exista a necessidade de fortalecer vibracionalmente o órgão afetado.

Os métodos de utilização das cores consistem na aplicação de luzes coloridas, na ingestão de água solarizada e na projeção mental das cores como vericaremos a seguir.

Luz colorida

A luz colorida projeta onda na frequência da cor, propagando a energia por toda a claridade. Cada cor tem a sua frequência e por mais que se projete duas cores num mesmo local, as cores se juntam ampliando o campo iluminado, porém a energia não se mistura. É preciso realizar a mistura no interior da lâmpada ou com um filtro colorido, para que a onda seja originada na própria fonte luminosa.

Não se deve usar, por exemplo, uma luz amarela e outra vermelha para obter a cor laranja, pois isso não irá ocorrer. Mesmo sendo o laranja uma energia decorrente da mistura dessas duas cores, cada uma tem um efeito peculiar e, quando o raio de luz atravessa o filtro, é projetada a cor que está nesse filtro. Por mais que incida uma sobre a outra, energicamente elas não se misturam. Para obter essa mistura é necessário sobrepor os filtros de cores diferentes logo à frente da lâmpada, nesse caso, será gerada a onda da cor misturada, ou seja, o laranja.

Para saber se a cor usada está adequada ou dentro da frequência, basta pegar um disco de laser (CD ou DVD) e expô-lo à luz, que o mais puro matiz da cor poderá ser visto. A nuance observada nesse processo serve de comparativo com a cor da lâmpada usada na cromoterapia, quanto mais próximo for o matiz, mais eficiente será a aplicação das luzes coloridas.

O banho de luz colorida deverá ser feito com a lâmpada acesa e projetada diretamente na região afetada, com leves movimentos. A distância deve ser de apenas alguns centímetros, o suficiente para que a área do corpo fique na cor da luz. Não se deve tocar a pele para não causar desconforto, tampouco machucar (esquentar ou provocar ferimentos durante a aplicação). Quanto mais forte for a luz utilizada, maior deve ser a distância do local. Caso esteja usando lâmpadas fracas com apenas alguns *watts*, a aplicação deve ser feita mais próxima do corpo.

Poderão ser usadas lâmpadas coloridas comuns, que se encontram disponíveis no mercado. Existem também aparelhos de cromoterapia, sendo alguns com filtros coloridos e outros com o sistema RGB (*red green blue*) que misturam as cores, obtendo as sete cores do arco-íris, a partir das cores básicas da luz (vermelho, verde e azul). Os aparelhos de cromoterapia facilitam o manuseio e a aplicação das cores. Porém eles não são os únicos recursos com os efeitos terapêuticos das cores, pode-se utilizar lâmpadas coloridas disponíveis no mercado de iluminação. Os benefícios independem de usar um aparelho apropriado ou lâmpadas coloridas adaptadas para aplicar a cor. Os efeitos não são produzidos pelos aparelhos, mas sim pela cor irradiada tanto por eles quanto pelas lâmpadas coloridas.

Tempo de aplicação

A intensidade da iluminação usada na aplicação também influencia no tempo de aplicação. Quanto mais forte, é necessário menos tempo para obter os benefícios das cores. Caso sejam usadas lâmpadas fracas ou com menos *watts*, deve-se aplicar mais tempo.

Não há necessidade de cronometrar o tempo de aplicação das cores. No geral, uma sessão de cromoterapia pode ser feita tanto por um breve período, em torno de 5 a 10 minutos, quanto por um tempo médio, de 20 a 30 minutos. Esse tempo é considerado apropriado. Caso a pessoa queira ficar exposta sob a luz colorida enquanto realiza alguma tarefa ou fica dispersa, deixando a cor agir enquanto lê ou assiste a um programa ou a um filme em sua casa, ela pode ficar até uma hora exposta à luz colorida.

Quanto mais compenetrada a pessoa estiver enquanto recebe a cor, menos tempo é necessário para ela obter os benefícios.

Uma lâmpada colorida pode ficar acesa no ambiente durante muitas horas, o dia todo ou a noite inteira. Pode-se dormir com uma lâmpada acesa no quarto, que a atmosfera colorida promoverá suaves benefícios durante o sono, visto que a luz está dispersa no recinto e não dirigida ao corpo.

Para aplicação da cromoterapia em que a luz é colocada a alguns centímetros do corpo, existe um tempo máximo de exposição à cor. Principalmente quando a lâmpada usada é forte. O azul, o índigo e o violeta devem ser aplicados no máximo uma hora cada. O vermelho, o laranja e o amarelo devem ser aplicados por até 30 minutos cada.

A regularidade das aplicações da cromoterapia dependerá da forma como ela será realizada: nos consultórios ou em casa.

No consultório, a sessão deve ser realizada uma vez por semana. Quando as aplicações forem feitas em casa, poderá ser diariamente. Nos casos graves, sugere-se o uso de luz coloridas duas ou três vezes ao dia. A própria pessoa pode aplicar as cores apropriadas, usando lâmpadas coloridas ou lanternas.

A aplicação das luzes poderá ser feita diretamente sobre a pele, principalmente quando é feita em casa. No consultório não há necessidade de remover nenhuma peça de roupa, pois elas não interferem na absorção energética das ondas coloridas. Esse processo é realizado pelos chakras, que ficam à frente das roupas, conforme será explanado mais a frente.

Água solarizada com cor

A solarização da água é feita por meio da exposição de um recipiente colorido ao sol. À medida que a luz solar atravessa o vidro transparente do recipiente, as ondas assumem a vibração da cor, impregnando nas moléculas da água a energia do raio colorido. Ao ingerir essa água, ela promove os benefícios terapêuticos no organismo.

Recomenda-se o uso de vidro colorido com o matiz puro da cor desejada ou utilizar papel celofane ou gelatina. Encher o recipiente de água potável e levá-lo ao sol. O período de exposição é de 30 minutos com o sol forte, meio-dia quando o tempo estiver nublado, e o dia todo em dias chuvosos.

Após solarizada, a água está pronta para ser ingerida. Ela pode ser acondicionada em outro recipiente ou mesmo na geladeira. Recomenda-se a ingestão mínima de um copo ao dia. Esse método é indicado principalmente para os problemas gastrointestinais e circulatórios.

A cromoterapia não dispensa o tratamento médico.

Sendo a cromoterapia uma prática natural e alternativa, ela não dispensa a visita aos médicos. Ao contrário, pode ser usada paralelamente com os tratamentos clínicos ou medicamentosos.

Projeção mental da cor

Projetar mentalmente as cores consiste em visualizar determinada cor sobre uma pessoa, mesmo que ela esteja a distância. A energia se propaga por ondas do pensamento na frequência da cor visualizada até atingir o outro. Quem estiver projetando essa energia deve usar a sua criatividade e imaginar as cores no corpo inteiro de quem vai receber ou na região afetada por alguma doença.

O êxito dessa técnica dependerá da capacidade de concentração da pessoa que estiver projetando mentalmente a cor escolhida. A seleção da cor apropriada também é um fator importante para os benefícios da cor na saúde. O cromoterapeuta fará uso dos seus conhecimentos das propriedades das cores, de forma a selecionar aquelas que vão suprir as necessidades energéticas e promover a saúde.

Existe uma relação entre o pensamento e a cor. Ao pensar e colocar emoção geramos ondas poderosas sobre nós mesmos e nos outros. Sem fazer qualquer relação consciente, as ondas mentais possuem cores correspondentes. Elas estão presentes na energia gerada enquanto pensamos.

Os desejos de superar os obstáculos existenciais e transpor as dificuldades, sejam as próprias, sejam as dos outros, emitem ondas na frequência da cor laranja. Ao ser submetida a alguma avaliação, queremos que a pessoa tenha a vivacidade mental necessária para ser bem-sucedida naquela prova; esses pensamentos produzem energia na cor amarela. Desejar estabilidade e equilíbrio produz ondas verdes; calma e tranquilidade, azuis e assim sucessivamente. Existe uma infinidade de emoções e de sensações que estão na mesma frequência vibracional dos variados matizes.

A projeção mental consiste em visualizar cores que promovem saúde e bem-estar. Essa técnica é inversa do processo em que o pensamento gera energia e cor. Na projeção, imagina-se cor que converte em emoções e em energias terapêuticas. Durante a visualização, as cores serão direcionadas para todo o corpo ou para uma área específica, que se encontra adoecida. O uso de cores apropriadas promoverá resultados promissores.

Respiração colorida

Consiste em projetar a cor com a força do pensamento, por meio da respiração. A própria pessoa afetada por algum distúrbio respiratório deve imaginar o ar associado a uma cor, entrando pelo nariz, passando pela traqueia e pelos brônquios até chegar aos pulmões. A cor laranja energiza o pulmão, o azul fortalece as paredes dos brônquios, o amarelo e/ou verde-limão possuem efeito expectorante sobre as vias respiratórias.

Deve-se usar o poder da imaginação e criar um cenário mental que envolva as cores ao ar inspirado. Pode-se visualizar uma névoa colorida ou pontos de luzes na cor desejada, entrando pelas narinas e iluminando os pulmões.

Esse exercício deve ser repetido várias vezes ao dia enquanto persistirem os sintomas.

Contato óptico com a cor

A presença da cor no campo de visão, seja nos objetos, seja nas paredes, gera ondas luminosas que transmitem ao olho do observador a energia condizente com aquela tonalidade.

O fato de estarmos diante da cor nos faz sentir de acordo com a sua propriedade. Para que haja essa influência, é necessário que a luz esteja acesa, ou que haja claridade natural. Sem luz não há incidência, tampouco reflexo das ondas coloridas, a falta de luz anula as funções energéticas e terapêuticas.

Cromologia

É o estudo das cores nas diversas áreas em que elas estão inseridas. Trata-se de uma ramificação da cromoterapia, que se dedica a explorar as funções e os benefícios das cores além da saúde. Esse termo poderá ser empregado para a descrição das propriedades cromáticas na casa, nas roupas e em outros setores da sociedade ou da vida.

Cromosofia

Trata-se de uma abordagem de natureza filosófica das cores, que explora os conteúdos e significados essenciais; não apenas os aspectos associativos, mas a ampla gama de sugestões e de sentimentos que elas despertam em nós.

CAPÍTULO 3

Chakras

O termo chakra vem do sânscrito e significa "Roda de luz". Os chackas possuem formas redondas semelhantes a uma flor aberta e iluminada. Geralmente eles estão localizados juntos aos órgãos do corpo. O núcleo forma uma espécie de cone que se alonga até a coluna vertebral, onde estão conectados.

Eles são constituídos no corpo astral e se estendem além do físico, na aura[1]. Alguns estão localizados nas mesma região do corpo onde estão concentrados os emaranhados de nervos, denominados fisiologicamente de plexos. Como as abordagens cromoterápicas remetem aos aspectos energéticos, a denominação chakra é mais apropriada do que plexo, pois esse é de uso da ciência médica.

A extensão desses campos de forças no corpo astral depende do grau de lucidez da pessoa ou do nível evolutivo. Quanto mais elevado for

---

1 - Aura é um campo luminoso que circunda o corpo físico e interfere nas funções vitais.

o grau de evolução, maior será a aura, consequentemente, a dimensão dos chakras.

O desenvolvimento dos talentos do Ser amplia a dimensão dos chakras correspondentes. Um cantor, por exemplo, que aprimora as qualidades artísticas por meio dos talentos vocais, expande o chakra laríngeo. Uma pessoa eficiente e hábil para lidar com os acontecimentos existenciais, amplia o chakra solar; e assim sucessivamente.

O movimento giratório das circunferências depende da função que os chakras estão desempenhando. Durante a atividade de absorção de energias, o giro ocorre no sentido anti-horário do corpo. Quando eles estão emanando, o movimento é no sentido horário. Quanto mais lento for o movimento giratório, menor o fluxo de energias captadas ou propagadas. O giro rápido demonstra grande intensidade de energia sendo recebida ou transmitida.

Os chakras são centros de energias que colaboram para a manutenção da vitalidade e da saúde física. Quando ocorre um desequilíbrio ou queda do campo vibracional, isso afeta negativamente as funções dos órgãos correspondentes, podendo comprometer a saúde física.

As doenças são acompanhadas por alterações nas energias dos chakras.

A cromoterapia atua nesses campos de energias, restabelecendo o equilíbrio energético e, consequentemente, o físico. Qualquer cor usada penetra no corpo por meio dos chakras, atingindo os órgãos internos. Eles são responsáveis em conduzir a energia luminosa de fora do corpo para dentro e vice-versa. Quando usamos a força do pensamento para emanar cores na projeção mental, elas saem por esses canais energéticos.

Existem as cores que vibram na mesma frequência dos chakras, elas são consideradas predominantes sobre os centros energéticos. Cada um dos sete principais chakras possui uma cor correspondente. São as que mais eles absorvem, para energizar os órgãos localizados naquela região do corpo. Caso uma área esteja precisando da energia de uma determinada cor, mesmo ela não sendo a predominante, o chakra vai absorvê-la. A ação das cores sobre os centros de forças e os respectivos órgãos é condizente com as propriedades delas, sem sofrer qualquer influência da cor originária do chakra.

O mesmo processo ocorre na coloração e na emanação de cores por parte dos chakras.

O cardíaco, por exemplo, vibra na frequência do verde; próximo a ele se localiza o centro do timo, cuja predominância é do rosa. Nos momentos em que a pessoa está tomada por um sentimento de amor, ela propaga essa cor, contagiando inclusive o cardíaco. Esse processo justifica algumas divergências acerca das cores dos chakras. Alguns autores citam cores diferentes. Para a cromoterapia, mais importante do que a cor regente do centro energético, é a cor necessária para a saúde dos órgãos das adjacências.

A cor predominante do chakra é a mesma que energiza os órgãos da região. Isso não significa que se deve aplicar somente aquela cor, mas sim, quaisquer outras que forem necessárias para resgatar o equilíbrio das funções do corpo.

Por outro lado, existe uma conduta cromoterápica que consiste em usar essas cores para promover o bem-estar e preservar a saúde. Esse método é conhecido como energização dos chakras com cores. Ele é recomendado quando alguém quer receber uma aplicação de luzes coloridas, mas não possui nenhuma queixa específica.

Existe uma infinidade de chakras espalhados pelo corpo. Segundo alguns textos hindus, são mais de dez mil. A cromoterapia considera os sete principais, que são relacionados com as sete cores do arco-íris.

Imagem dos Chakras

1 – Chakra Básico (do sânscrito: Muladhara)
2 – Chakra Esplênico (do sânscrito: Svaddhis this thana)
3 – Chakra Solar (do sânscrito: Manipura)
4 – Chakra Cardíaco (do sânscrito: Anahata)
5 – Chakra Laríngeo (do sânscrito: Vishuddha)
6 – Chakra Frontal (do sânscrito: Ajna)
7 – Chakra Coronário (do sânscrito: Sahashara)

Chakra Básico

Está localizado na região do baixo-ventre, na raiz da coluna, sobre o cóccix. É composto por quatro vórtices[2]. A cor predominante é o vermelho. Energiza os órgãos do aparelho reprodutor masculino: testículos, vesícula seminal, próstata e órgãos genitais. No caso do aparelho reprodutor feminino, a cor mais indicada para os ovários, tubas uterinas, útero e órgão genital é o rosa.

Capta as energias telúricas, a kundalini, e distribui as energias primárias que sobem pela coluna e ativam os demais chakras. Desperta o vigor físico; proporciona força e vitalidade; ativa o prazer e a motivação, gerando impulsos de interação com a realidade e com o momento presente; acende a vontade de viver e de integrar-se ao ambiente.

Bloqueios ou desequilíbrios podem comprometer a saúde do aparelho reprodutor, provocar a disfunção erétil ou a frigidez feminina, podendo afetar também a coluna vertebral; provocar

---
[2] - Vórtices são semelhantes a pás ou hélices que se movimentam formando uma espécie de redemoinho.

instabilidade emocional, impulsos exacerbados, compulsões e desvios sexuais; abalar a segurança, dificultar a praticidade e gerar preocupações excessivas com os objetos materiais, acentuando a ganância.

Chakra Esplênico

Localizado na região do baço (lateral esquerda do abdome), é constituído de oito vórtices e regido pela cor laranja. Energiza o baço, as glândulas suprarrenais e o fígado.

Estimula o magnetismo pessoal e a ousadia; favorece a interação com o ambiente; acentua o desejo de intervir no meio e participar ativamente dos acontecimentos. Nos momentos de tomar decisões, que exigem astúcia e determinação, recomenda-se a visualização do laranja sobre o esplênico.

Bloqueios ou desequilíbrios geralmente são decorrentes de conflitos emocionais, angústias, medos e outros sentimentos depressivos. As alterações do chakra, desencadeadas por esses estados, também podem acentuar os mesmos sentimentos. E ainda, desencadear ataques histéricos e compulsões aos vícios. O reequilíbrio do esplênico com a aplicação da cor laranja ameniza esses processos e resgata a capacidade de interagir harmoniosamente com o ambiente.

Chakra Solar

Localizado no centro do abdome, formado por dez vórtices. Sua cor é o amarelo. Energiza o estômago, o pâncreas e os intestinos delgado e grosso. Exerce influência positiva sobre as emoções, favorece o bom humor e a criatividade. Estimula o envolvimento com o ambiente e com as pessoas do convívio, tornando as relações amistosas e agradáveis.

A conexão com o ambiente, característica desse chakra, pode provocar abalos energéticos, caso a atmosfera esteja repleta de forças nocivas. É o principal centro de força afetado pela inveja, mau agouro e rivalidades.

Bloqueios ou desequilíbrios podem provocar timidez, egoísmo e egocentrismo além de alguns medos. Comprometem a autoestima, a confiança em si mesmo e o poder pessoal. Despertam sentimentos de exclusão, de vítima e manias de perseguição.

O reequilíbrio desse chakra é fundamental para resgatar a alegria de viver e obter bom proveito das situações exteriores, desenvolvendo as habilidades para lidar com as adversidades do cotidiano.

Chakra Cardíaco

Localizado na região do peito, levemente projetado para o lado esquerdo sobre o coração. É regido pela cor verde e composto por doze vórtices. Energiza o coração e exerce efeito regulador sobre a circulação sanguínea; influencia positivamente o timo, este órgão está situado no centro do peito; também estabiliza as emoções.

Bloqueios ou desequilíbrios podem ocasionar distúrbios emocionais, intensificando os quadros de ansiedade, manias, euforias ou ainda, angústia e opressão.

A energização desse chakra minimiza os distúrbios de ansiedade e da euforia; promove a estabilidade do humor e eleva a autoestima; desperta sentimentos agradáveis como a compreensão, a simpatia e a compaixão; favorece a integração entre as emoções e o corpo, proporcionando saúde, sucesso e bem-estar.

Chakra Laríngeo

Está localizado na região do pescoço, sobre a glândula tireoide. É composto por dezesseis vórtices. Sua cor predominante é o azul. Energiza a tireoide, as paratireoides, as cordas vocais, as vias respiratórias e, em especial os brônquios.

Contribui para a expressão verbal e colabora para obter uma vida saudável; proporciona disposição física para executar as atividades e a satisfação pelo dever cumprido. Desperta a fé em nós mesmos, nos resultados promissores e na vida.

Bloqueios ou desequilíbrios causam desânimo, incertezas e indecisões. Abalam a autoexpressão verbal e corporal, dificultando a comunicação e a interação com a realidade. As alterações da energia desse chakra interferem negativamente sobre as funções da glândula tireoide, podendo provocar variações no peso corporal. Portanto, o reequilíbrio promovido pela aplicação da luz azul sobre o laríngeo, aliada ao laranja contribui para manter o peso.

Chakra Frontal

Está situado na região frontal do semblante, entre os olhos e sobre a testa. O chakra frontal é composto por noventa e seis vórtices; ele é regido pela cor índigo. O frontal energiza a glândula hipófise, os olhos e os ouvidos.

Colabora positivamente na constituição do senso de realidade, possibilitando clareza no entendimento dos eventos existenciais, despertando as ideias criativas. Favorece a abertura dos canais intuitivos, aguçando a intuição e a inspiração.

Bloqueios ou desequilíbrios neste chakra dificultam a compreensão dos acontecimentos, acentuando a intolerância e a intransigência. Ou ainda, desinteresse pelo presente e negativismo, medo do futuro, perturbações mentais e alucinações. Podem provocar também distúrbios do sono. Energizar esse chakra com a cor índigo representa uma medida preventiva para evitar esses quadros ou alterar alguns destes sintomas; também favorece a expansão da consciência.

Chakra Coronário

Localizado sobre a coroa, no centro da cabeça. É composto por novecentos e sessenta vórtices. É regido pela cor violeta. Energiza a glândula pineal e toda a região encefálica. Pode ser considerado como o centro de conexão com alma e com as esferas espirituais superiores. Representa a autoridade dos governantes, simbolizada pelo uso da coroa sobre a cabeça do rei, representando a expansão energética desse chakra. Capta as energias cósmicas e as transforma em forças motrizes para a vida. Ajuda a tomada de decisões e a exercer o poder e o controle sobre os acontecimentos.

Bloqueios ou desequilíbrios interferem negativamente na captação das forças cósmicas e na sintonia com a espiritualidade. Dificultam o controle sobre os acontecimentos e podem prejudicar o bom desempenho das situações práticas.

A energização desse chakra com a cor violeta acentua a perspicácia, para lidar com as situações inusitadas do cotidiano. Também amplia os horizontes do Ser, conectando com as esferas sutis do universo, manifestando a sensibilidade extrassensória e a captação da psicoesfera.

CAPÍTULO 4

Propriedades das cores

As cores possuem propriedades específicas, como se fossem uma linguagem própria que nos fala por meio das nossas sensações. Não se trata apenas de experiências vivenciadas na presença da cor, influente naquele sentido, mas da tendência de todos a se comportarem da mesma maneira em relação a determinada cor.

O vermelho será sempre uma cor estimulante, independente do ambiente em que ele estiver. Dormir com uma luz acesa no abajur do quarto, por exemplo, provoca sono agitado. Por outro lado, a presença do azul em ambientes agitados e barulhentos, sutilmente seduz os integrantes a um estado mais ameno e agradável, contrapondo ao intenso dinamismo do local. A propriedade relaxante dessa cor sobrepõe o dinamismo exagerado do meio em que ela está sendo usada. Por isso, são indicadas cores que contrastem com a atmosfera dos ambientes, visando a equilibrá--los, evitando os excessos. Esse procedimento não altera a energia da cor, mas sim exerce influência benéfica sobre o ambiente, prevalecendo as características vibracionais das cores.

O simbolismo da cor relaciona a sua propriedade com a maneira como sentimos a irradiação das ondas coloridas. São as cores que despertam em nós determinada associação e não a nossa experiência com elas que cria o seu simbolismo.

Cada cor provoca uma reação psicoemocional, despertando estados mentais que nos levam a experimentar determinados sentimentos.

Elas também influenciam os tecidos do corpo, participando da saúde e promovendo bem-estar. Por isso elas são indicadas para regular os processos físicos e estabilizar as emoções. Deve-se evitar o uso das cores nas situações em que elas são desaconselhadas, conforme descrição nas respectivas cores. O uso indevido das cores desaconselhadas provoca sensações ou reações desagradáveis, mas não deixa sequelas, visto que elas não matam as células vivas. Sabendo em quais situações devemos evitar o seu emprego, evitamos desconforto e mal-estar, aumentando a eficiência das cores na terapia.

Neste capítulo serão apresentadas as sensações que as cores despertam em nós, as suas propriedades, as indicações terapêuticas, as situações em que elas são desaconselhadas, os aspectos psicoemocionais e os simbolismos.

Vermelho

A onda do vermelho é longa e a sua vibração é a que mais se aproxima da frequência do mundo físico visível. Na escala de cor do arco-íris essa é a primeira dentre as sete; as cores seguem uma sequência definida pelo comprimento de onda, começando pela mais longa.

Também é considerado a mais antiga denominação cromática, foi a primeira mencionada nos escritos antigos. É a primeira cor supostamente vista pelos bebês; quando começam a falar, e são solicitados a dizerem o nome de uma cor, citam, espontaneamente "vermelho".

Ele desperta atitudes positivas em relação à vida. Representa uma espécie de chamamento para o momento atual, despertando a vontade de interagir com o ambiente e se envolver com os acontecimentos externos, bem como, o interesse pelas pessoas que estão em torno de si. Induz aos movimentos que visam a saciar os seus anseios. Sob a influência dessa cor, passamos a considerar as questões do presente como prioritárias; o momento atual é tudo o que temos para viver e nos dedicar.

A força e o vigor manifestados por essa cor representam uma espécie de combustível para vivenciar as situações cotidianas e modificar a realidade desagradável. Quando as ocorrências se mostram adversas, faz-se necessário mobilizar os recursos internos, imbuídos do propósito de intervir e transformar os fatos inusitados.

O poder sobre o ambiente é o talento do Ser, que o vermelho manifesta, dando energia para atuar na vida e interagir com os eventos exteriores. Essa cor se traduz na vontade dos indivíduos atuarem na realidade com vitalidade física, centrados no presente e ligados ao que acontece ao redor. Trata-se de uma energia que favorece o controle sobre os acontecimentos e a participação ativa no meio em que se vive. É uma cor masculina, que induz aos movimentos de interação com o ambiente.

Sugere dinamismo e versatilidade; propicia boa desenvoltura, eficiência, praticidade e boa vontade para participar dos eventos existenciais.

Vermelho na saúde

Energeticamente, o vermelho é um vitalizador em potencial e desempenha importante função na constituição física do corpo. Contribui para o aumento dos batimentos cardíacos. Energiza o coração podendo ser usado somente nas pessoas que estão gozando de saúde cardíaca. Ativa a circulação sanguínea e a pulsação cardíaca. Estimula a produção dos glóbulos vermelhos, o metabolismo do ferro e o aumento do teor sanguíneo. É uma espécie de tônico corporal.

Fortalece os músculos e contrai as suas fibras, favorecendo a resposta motora que realiza os movimentos rápidos e vigorosos. Promove o desenvolvimento da massa muscular. Energiza o fígado, contribuindo para o aumento das atividades metabólicas e na produção de energia para o corpo.

Essa cor está associada ao elemento fogo. Sua energia promove a liberação de calor por parte da musculatura, promovendo o aquecimento corporal, sendo indicado para áreas ou membros que estejam frios. Além de aquecer os tecidos e os órgãos, transmite energia expansiva e dilatadora, que ativa o crescimento tecidual.

Promove o estímulo sexual e o aumento da sensação de prazer. Revigora os órgãos reprodutores masculinos (testículo, próstata e membro), mantendo a saúde e o vigor do homem.

Indicações terapêuticas

O vermelho é recomendado para indisposição física, perda da motivação, combate ao desânimo, para despertar o entusiasmo, bem como nos momentos de preparação para enfrentar atividades exaustivas. E ainda, para anemia e rebaixamento da libido. Também para as pessoas saudáveis que apresentam indisposição momentânea e baixo rendimento nas atividades.

Exerce ação estimuladora sobre o sistema circulatório e sobre os batimentos cardíacos, sendo indicado para má circulação e formigamentos em alguma parte do corpo e pressão baixa.

Ativa as funções dos testículos na produção de espermatozoides, contribuindo para a fertilidade. Energiza a próstata, mantendo-a saudável.

Estimula a ereção do membro masculino, favorecendo o desempenho sexual do homem.

É **desaconselhado** o uso dessa cor nos casos de febre alta, taquicardia, cardiopatias, pressão alta, agitação, irritabilidade, ansiedade e estresse. Apesar de ser um energizador prostático, não se deve usá-la quando a próstata se encontra aumentada, em virtude da função expansiva do vermelho, também nos casos de saúde extremamente debilitada e nos casos graves, e para as pessoas que sofrem de transtornos de condutas, temperamentos exaltados ou são compulsivas e para aquelas excessivamente egoístas ou que cobram muito de si mesmas.

Aspectos psicoemocionais do vermelho

Nesse sentido, desperta o senso de atuação na realidade, com garra e disposição. Associa-se ao presente, situando-nos na realidade, com poder de intervir e a determinação para modificar os eventos do meio. Promove boa consciência corporal, autoconsciência e autoafirmação.

Trata-se de uma cor excitante, extrovertida, revigorante, prazerosa, ativadora e estimuladora. Ajuda a sair da inércia e da zona de conforto.

Estimula a praticidade, objetividade e clareza nas expressões verbais e corporais. Desperta a força de vontade e a determinação para modificar a realidade e obter sucessos. Acentua o egocentrismo, contribuindo para que a pessoa volte para dentro de si e desperte a sua força e seu poder de atuação na realidade.

Essa cor se destaca para a fixação e assimilação das informações relevantes ou emergenciais do ambiente.

O vermelho simboliza: calor, sangue, guerra, perigo, agressividade, ira, energia, movimento, força, atividade, dinamismo, erotismo, desejo, excitação, sedução, paixão e sexo.

Rosa

É composto da mistura do vermelho com o branco. Relaciona-se com a natureza feminina. Transmite afeto, docilidade, gentileza e ternura. Energiza o aparelho reprodutor feminino (útero, ovário, tubas uterinas e órgão genital) e as mamas. Indicado para os distúrbios nesses órgãos e para os conflitos de natureza afetiva ou amorosa.

As decepções amorosas podem provocar bloqueios na manifestação do sentimento, dificultando as pessoas a se abrirem para novas experiências afetivas. A presença do rosa acentua o amor, transbordando o carinho, favorecendo a superar as barreiras amorosas, contribuindo para a felicidade no relacionamento.

Laranja

Surge da mistura do vermelho com o amarelo. A junção dessas duas energias alia o calor e a expansão do vermelho com a propagação e liberação do amarelo, proporcionando ao laranja um efeito libertador das estruturas físicas e energética.

Sendo um raio integrador do raio vermelho, cuja energia está mais próxima à matéria, associado ao raio amarelo que é associado à mente, o laranja ativa tanto a vitalidade do corpo quanto o intelecto, favorecendo a elaboração de pensamentos inovadores e inusitados. Estimula a empreender novas ideias e ao pioneirismo, mantendo a perseverança e a tenacidade, que são imprescindíveis para o sucesso e a realização pessoal.

Essa cor desperta a ousadia e a coragem para enfrentar os obstáculos, também o destemor que afugenta os medos e as incertezas. Acentua o magnetismo pessoal e a capacidade de argumentação e de expressão dos seus pontos de vistas, tornando a pessoa uma formadora de opinião. Favorece a promoção da autoestima, despertando os atributos do Ser, que favorecem a boa desenvoltura no meio.

Ameniza os sentimentos de culpa, as tristezas e a melancolia, auxiliando as pessoas que se encontram nesses quadros a se despojarem deles para viverem melhor. Induz a espontaneidade, favorecendo a livre expressão verbal e corporal. Diante das incertezas que cercam os caminhos da vida, a cor laranja favorece a vencer as barreiras da indecisão e a despertar os talentos que deixam a pessoa segura de si e confiante no sucesso.

Aguça o paladar e favorece a degustação dos alimentos, estimula o apetite e ajuda na digestão.

A cor laranja na saúde

A ação das cores no organismo começa no campo energético, conforme mencionado anteriormente. Antes de a doença se instalar no corpo físico, ela se manifesta no etéreo e na aura. As emoções reprimidas geram conflitos que alteram as frequências saudáveis, assumindo um padrão vibracional negativo. Isso acontece na região do corpo relacionada ao tipo de emoção que se encontra em desequilíbrio. A cor laranja atua nessa esfera, modificando esses campos e restabelecendo a harmonia, consequentemente a saúde física.

Fisiologicamente o laranja estimula a glândula suprarrenal a produzir adrenalina, colocando o corpo em estado de alerta para atacar ou fugir dos riscos iminentes. Age positivamente sobre o baço, favorecendo a liberação de energia para a corrente sanguínea.

Ativa a circulação sanguínea, exercendo pouca influência sobre a pressão arterial, podendo ser aplicado mesmo quando houver o sintoma de pressão alta. Ainda que ele não seja recomendado para tratamento de pressão alta, caso haja necessidade de uma cor estimulante para atender a outras condições físicas ou emocionais, o uso dessa cor não agrava os quadros de hipertensão. Energiza o pulmão exercendo efeito preventivo sobre as estruturas pulmonares.

Promove a dilatação dos brônquios, favorecendo a respiração.

Indicações terapêuticas

Por se tratar de uma cor com efeito estimulante como o vermelho, porém com reações moderadas e não tão fortes como ele, o laranja pode ser usado como substituto do vermelho, quando esse for desaconselhado na pessoa que precisa de uma cor estimulante.

O laranja possui efeito antiespasmódico, alivia as contrações súbitas dos músculos involuntários e lisos, sendo indicado nos casos de cãibra, também para baixa vitalidade e perda do vigor físico. Possui efeito estimulador sobre a glândula mamária, sendo recomendada na fase de amamentação, devendo ser aplicado juntamente com o rosa.

Em face à capacidade do laranja de desobstruir as aglutinações indevidas no organismo, ele torna-se benéfico nas calcificações, nódulos, cistos e tumores benignos. Nos casos malignos, deve-se acrescentar a cor violeta. Possui efeito expansivo que auxilia no desentupimento de pequenos vasos (artérias e veias), facilitando o fluxo da corrente sanguínea. Também favorece a respiração, sendo importante para quaisquer dificuldades respiratórias.

Em virtude do seu efeito benéfico sobre os pulmões e brônquios é indicado nos casos de pneumonia, bronquite e asma, bem como para outras doenças que afetem esses dois órgãos e seja preciso fortalecê-los, para preservar a saúde.

É também indicado para angústias, depressão e medos. Nos quadros depressivos, minimiza as tristezas, tornando mais fácil o confronto com as situações inusitadas, afugentando os pensamentos sombrios e as preocupações excessivas.

O laranja é **desaconselhado** para náusea, vômito, trombose e dores fortes. Deve-se evitar o seu uso nas pessoas que sofrem de compulsões.

Aspectos psicoemocionais do laranja

É a cor das ideias inovadoras; fortalece o corpo etérico, realça as emoções, proporcionando sensação de bem-estar, satisfação, prazer e soltura na realização das atividades. Impulsiona para confrontar os obstáculos e superar as dificuldades, suavizando as angústias.

Como cor da coragem e da ousadia, possui uma energia oposta ao medo, sendo indicado para quaisquer situações correlacionadas, desde de um simples temor, pensamentos sombrios ou obsessivos, como nos casos de síndrome do pânico. O convívio diário com essa cor é recomendado, seja por meio da sua presença nas roupas, seja na decoração e outros procedimentos de inserção da cor no cotidiano das pessoas que sofrem desses males.

Quem se acomoda a uma situação, mesmo ela sendo desagradável, fica estagnado, não ousa mudar, permanece numa condição que pode ser chamada de zona de conforto. A situação não é tão boa, mas é cômoda e para mudá-la seria necessário muito esforço. Nem sempre a pessoa está disposta a mobilizar os seus recursos. Nestes casos, o laranja favorece a transformação dessas condições de vida, por meio dos impulsos internos, de ousadia e de espírito inovador.

As pessoas inibidas, que se reprimem diante dos outros e se sentem presas ao passado, podem se beneficiar com o laranja. Essa cor eleva os impulsos integradores, despertando o interesse pelas atividades que promovam resultados promissores. Ele estimula a olhar em torno de si e também para frente, em vez de voltar ao passado, relembrando as ocorrências vividas, desperta um interesse pelo bom andamento das situações existenciais. Essa cor eleva a autoestima, despertando as condições realizadoras.

O laranja simboliza o pôr do sol, fogo, confiança, gentileza, cordialidade, aventura e despojamento.

Amarelo

É a cor mais clara do espectro da luz, promovendo maior luminosidade aos ambientes; transmite a sensação de dias claros e manhãs ensolaradas, estimulando o despertar matinal. Estimula a criatividade, tornando a pessoa aberta aos novos rumos e atenta às probabilidades e tendências do meio. Com o fluir das novas ideias, surgem outros caminhos existenciais que ampliam o dimensionamento da vida.

O amarelo ativa as faculdades mentais, provocando um estado de alerta e maior atenção aos acontecimentos do ambiente. A clareza mental favorece a formulação do raciocínio lógico e coerente acerca dos acontecimentos do cotidiano.

É a cor da alegria e do bom humor. Inspira a viver alegremente e de maneira despojada dos conceitos arraigados e tradicionais, levando a encarar com leveza as ocorrências. Está relacionada com a comunicação verbal, cria um bom nível de diálogo favorecendo as relações interpessoais. Aumenta a capacidade de compreensão e de tolerância entre as pessoas.

Essa a cor é indicada para os processos de ressignificação, que é quando um ciclo se fecha, seja no trabalho, seja no relacionamento e a pessoa precisa buscar novos rumos para a sua vida.

A relação do amarelo com a riqueza, a fartura e a prosperidade ocorre em virtude da cor dourada, que é uma nuance do amarelo. Portanto a cor mais específica dessas propriedades é o dourado, conforme aprenderemos mais adiante.

O amarelo na saúde

A energia da cor amarela favorece as atividades do sistema digestório, regulando as funções gastrointestinais. Estimula a secreção dos sucos estomacais. Melhora a absorção dos nutrientes por parte do intestino delgado. Energiza o intestino grosso, regulando o seu funcionamento.

Energiza os rins e o pâncreas. Ativa os nervos motores e o sistema nervoso simpático, possibilitando agilidade corporal e atenção mental, tornando a pessoa atenta e vivaz para interagir com o que se passa ao redor.

Age positivamente sobre a pele. Fortalece as suas três camadas (derme, epiderme e hipoderme), promovendo a regeneração dos tecidos. Estimula a produção do colágeno, sendo indicado para a flacidez e rugas; colabora para evitar o envelhecimento precoce e para preservar a elasticidade, acelerando o processo de cicatrização, ajuda a eliminar as impurezas dos poros, a manter a pigmentação e a textura, contribuindo para preservar a saúde da pele.

Ativa as funções cerebrais, como a memória e o raciocínio, auxilia as sinapses (comunicação entre os neurônios – células nervosas), aguçando as faculdades mentais, possibilitando o bom funcionamento neuronal.

Indicações terapêuticas

O amarelo é indicado para os casos de verminoses, energeticamente favorece a redução dos parasitas que habitam a flora intestinal, evitando a proliferação. Nos casos de diabetes, essa é a principal cor que deve ser usada regularmente.

Auxilia a eliminação do muco catarral, sendo considerado uma cor com efeito expectorante sobre as vias respiratórias. É recomendado para o mau funcionamento intestinal, contribuindo para regular as funções do intestino grosso, em especial para os casos de intestino preso.

A ação benéfica do amarelo sobre a pele torna a energia dessa cor favorável nos casos de manchas, sejam elas claras ou escuras. O efeito purgativo torna-o recomendado para os casos de cravo, espinhas e furúnculos e outras afecções da pele, conforme indicadas no último capítulo deste livro (órgãos, doenças, emoções e cores).

O amarelo é **desaconselhado** nos casos de infecções. Deve-se evitar a aplicação dessa cor no local em que se apresentam quadros infecciosos, bem como para queloide (cicatriz imperfeita, saliente, com formato irregular e coloração rosada ou escura).

Aspectos psicoemocionais do amarelo

O amarelo é considerado a cor da mente, aguça as faculdades intelectuais, estimula os pensamentos lógicos e a racionalidade. No campo da razão essa é a cor mais significativa para essa condição. Promove as lembranças dos episódios bons ou ruins, aguça a inteligência e eleva o padrão mental, despertando a atenção e a facilidade para compreender os episódios que se desenrolam no ambiente.

Promove a vivacidade psíquica e o aumento da capacidade de concentração e de assimilação, possibilitando bom rendimento de estudo e vivacidade psíquica. É indicado para momentos de preparação para avaliações ou provas.

Proporciona sensações de vida nova, recomeço e perspectivas para um futuro promissor, agradável e feliz. Acentua a capacidade realizadora, elevando as possibilidades de execução das tarefas, com empenho e dedicação, despertando o espírito prestativo e participativo. Favorece o diálogo amistoso entre as pessoas, com alegria e bom humor, fortalecendo os laços de amizades.

O amarelo **simboliza** o sol, luz, alegria, criatividade, contentamento, juventude e novas ideias.

Dourado

É uma cor composta pela junção do amarelo, do magenta e do preto. O dourado é a cor do ouro. Esse metal precioso, por sua vez, remete à suntuosidade, fartura, opulência e propriedade.

Trata-se de uma cor majestosa, nobre, primorosa e requintada. Desperta a sabedoria e a inteligência. O dourado é preferido pelas pessoas de fino trato. Eleva a capacidade de argumentação e o poder de persuasão sobre os outros.

Verde

É a cor média do espectro da luz; está localizada no centro do arco-íris, entre o vermelho e o violeta. Trata-se de uma cor mediadora entre os pensamentos e as emoções, e também sobre o mundo interno e o meio externo.

Integra as cores quentes e estimuladoras com as cores frias, cujas propriedades são calmantes e relaxantes. O verde é recomendado durante as aplicações em que são usadas cores nestas duas classes. Ele entra como agente integrador desses raios, realizando a transição entre as estimulantes com as calmantes. Desse modo, mantém-se o equilíbrio energético durante as sessões de cromoterapia, por meio da sequência gradual das ondas das cores.

A importância de manter o equilíbrio energético durante a aplicação deve-se ao fato de que as doenças se referem ao desequilíbrio dos campos energéticos dos órgãos afetados, portanto o princípio da cromoterapia consiste em projetar as cores de maneira harmônica. Sugere-se começar pelas quentes para terminar com as frias. Exemplo: laranja, verde e azul.

O verde é considerado a cor do equilíbrio, evita os excessos de qualquer natureza, sejam os pensamentos obsessivos ou a agitação física, sejam os quadros de prostração mental ou de apatia. Minimiza as compulsões e preserva o eixo emocional, que favorece interagir com a realidade sem perder a conexão consigo mesmo, tampouco ser negligente com as responsabilidades externas.

É a cor da ponderação e do comedimento, possibilita a fluidez dos pensamentos e a manifestação apropriada dos sentimentos. O prazer é manifestado nas devidas proporções e a alegria não se transforma em euforia. Essa condição prolonga a manifestação das sensações agradáveis, evitando os excessos e os desequilíbrios.

Desperta o bom senso nas relações interpessoais, evitando a formulação de ideias preconcebidas, preconceituosas ou as ações precipitadas. É a cor mais favorável ao julgamento, possibilitando realizar ampla avaliação do contexto, observação das partes envolvidas, sem tomar partidarismo ou ser tendencioso nas decisões.

Trata-se da cor mais favorável para atrair a prosperidade. O verde estabelece conexão com as forças naturais, captando os meios propícios para a realização dos objetivos. Atrai bons resultados, pois aguça a percepção das oportunidades e nos lança no terreno energético das possibilidades. Ao trilhar os caminhos das vontades, aliadas aos projetos de vida e envolvidos na energia do verde, podemos alcançar as nossas metas e prosperar.

O verde na saúde

Exerce efeito regulador sobre o organismo, mantendo as atividades corporais saudáveis. A ação restauradora do verde favorece o equilíbrio das funções do organismo (homeostase), preservando a saúde física e a estabilidade emocional.

Mediante diagnósticos imprecisos das condições físicas e emocionais, em que a pessoa não sabe o que está acontecendo com ela, o uso do verde torna-se viável, haja vista o fato de ele contemplar inúmeras necessidades, mesmo aquelas que ainda não se manifestaram no corpo ou não foram citadas no levantamento diagnóstico.

A ação refrescante do verde favorece os processos de hiperatividades funcionais, hipersensibilidade e elevado nível de tensão dos tecidos e músculos.

É considerado um tônico cardíaco, contribuindo positivamente para as funções do coração, dos vasos e do sangue. Mantém o ritmo da pulsação cardíaca, num compasso harmonioso, sendo indicado nos casos de arritmia. A ação dessa cor na circulação sanguínea e o consequente transporte dos agentes vitais tonificam os tecidos e células do corpo.

Possui efeito germicida, bactericida, desinfetante e antisséptico. Age sobre as regiões afetadas por infiltrações de fungos na pele e nas unhas. O verde é uma das cores usadas para combater inflamações e infecção, ele colabora energeticamente na restauração do equilíbrio tecidual.

As estruturas orgânicas aglutinadas indevidamente, formando nódulos, tumores e outros constituintes sólidos inadequados ao corpo são amolecidos com a aplicação da energia do verde. Aliado ao laranja, o verde contribui energeticamente para eliminar as massas sólidas que afetam o organismo.

Contribui para a boa digestão, favorecendo a dissociação das moléculas dos alimentos ingeridos e a preparação do bolo alimentar para os processos intestinais de seleção e de absorção dos nutrientes. Contribui para a produção da bile, por parte do fígado, cuja função consiste em favorecer a digestão dos alimentos gordurosos.

É um estabilizador do sistema nervoso, em especial do simpático, cuja função consiste em manter o corpo no estado de alerta durante a vigília. O verde propicia boas condições de funcionamento, mantendo a pessoa cautelosa, sem induzir aos excessos, contribuindo para o bom humor.

Indicações terapêuticas

O verde é recomendado para as variações de pressão arterial, tanto para pressão alta (hipertensão), quanto para baixa (hipotensão arterial). Em ambos os casos, ele deve ser aplicado por último, contribuindo para estabilizar a pressão arterial.

É imprescindível nas alterações circulatórias de qualquer natureza. Sejam quais forem as disfunções cardiovasculares e sanguíneas, essa cor é sempre indicada; mesmo aliada a outras, faz-se necessária a sua presença nos tratamentos.

Energeticamente colabora na formação e na construção das fibras ósseas, sendo recomendado, em conjunto com o amarelo, para fraturas. O verde é indicado para os distúrbios estomacais e o mau funcionamento intestinal.

Energiza a vesícula biliar. Evita a proliferação de fungos e bactérias na região vaginal. Favorece o fluxo sanguíneo, contribuindo para a ereção, tornando-se uma cor com função afrodisíaca para os homens.

É recomendado para as pessoas que se encontram esgotadas física e mentalmente; ele favorece a recuperação do cansaço, das forças e das energias; contribui para retornar as atividades com mais disposição e vitalidade. O verde é a principal cor indicada para o estresse, seja emocional, seja laboral ou químico.

Não há situações em que o verde seja desaconselhado. Ele é a única cor do espectro que não tem contraindicação, podendo ser aplicado em quaisquer distúrbios físicos e emocionais. Isso não significa que devamos usá-lo em todos os casos, mas quando ele se faz necessário não há nenhuma restrição.

Aspectos psicoemocionais do verde.

A estabilidade emocional proporcionada por essa cor favorece a preservação do ritmo de cada pessoa. Todas têm o seu ritmo próprio; mais importante do que avaliar os resultados ou criticar o desempenho, é cultivar o respeito pelo dinamismo de cada um.

A vida respeita o ritmo das pessoas. Tudo acontece dentro do tempo delas. Há aqueles que são dinâmicos e vivem cercados de vários eventos que se passam ao mesmo tempo. No entanto, quem possui um ritmo tranquilo, não se depara com acontecimentos que ocorrem simultaneamente, tudo vem paulatinamente. Exceto se a pessoa for negligente, nesse caso pode haver acúmulo de atividades.

O estresse ocorre quando o ritmo é extrapolado, a pessoa não respeita o seu tempo e se envolve com várias modalidades, assumindo demasiadas incumbências, muitas das quais não dizem respeito a si e vão sobrecarregá-la.

Essa cor sugere ações comedidas e elevado bom senso, permitindo avaliar o contexto e formular pontos de vista imparciais. Ela evita que as pessoas tomem as defesas de uns ou se rebelem contra outros, em virtude de prejulgamentos. A ponderação do verde amplia a percepção do cenário, para não restringir a avaliação dos acontecimentos.

Proporciona a sensação agradável de frescor, condizente ao contato com a natureza. Desperta a esperança de sucesso e de uma vida nova.

O verde **simboliza** vida nova, juventude, fertilidade, frescor, saúde, natureza, vitalidade, esperança e dinheiro.

Verde-limão

Essa cor é composta pela junção do verde com o amarelo. Na impossibilidade de acesso a essa cor, deve-se usar distintamente o verde e o amarelo. Dentre as principais funções, destacam-se a absorção de cálcio por parte do intestino delgado, bem como, a sua fixação nas fibras ósseas, fortalecendo-as. Essa cor é indicada para osteopenia e osteoporose. Também auxilia a cicatrização óssea, tornando-se importante para tratar a fratura óssea.

Possui função expectorante, desobstrui as vias aéreas superiores, sendo indicada para tosse com excesso de muco catarral.

Azul

É a primeira cor fria do espectro da luz. Atua nas esferas sutis, energéticas e espirituais. O azul vai além dos campos mentais e das atividades psíquicas, ele atinge os conteúdos afetivos, tocando os mais caros sentimentos.

Desperta os talentos do Ser, tais como: a **generosidade,** que nos move para o meio de "coração" aberto; a **solidariedade**, que nos integra aos outros sem barreiras; o **companheirismo** que remove as barreiras do egocentrismo;

a **sinceridade** que nos torna verdadeiros e sem constrangimentos; e a **gratidão** que nos faz ser justos para reconhecer os talentos alheios, exatamente porque eles existem dentro de nós mesmos.

É a cor da confiança, da tolerância e da compreensão que favorece o relacionamento, aproximando os laços fraternos e ajudando na convivência. Diferente do rosa, que é a cor do afeto, o azul cria a atmosfera favorável às relações interpessoais. Ele possibilita que as pessoas vivam em paz umas com as outras, sejam mais compreensivas e tolerantes, rompendo as barreiras das diferenças, das resistências, estreitando os vínculos, promovendo a convivência agradável.

O azul sugere calma e serenidade, relaxa o corpo e a mente. Desperta a nossa essência, e leva-nos ao mais profundo do ser até atingir a paz interior. Ele favorece a expressão da alma na interação com as pessoas do ambiente. Possibilita a comunicação verdadeira proveniente do âmago, não se trata de mera exposição dos pensamentos, mas de transmitir os mais profundos conteúdos.

É a cor da fé. Não se trata de vínculo religioso ou de um ato de oração, mas sim de uma condição da alma que pode ser traduzida como acreditar em si mesmo, nos seus potenciais, nas forças da natureza e na vida.

Azul na saúde

É considerada a cor de maior propriedade terapêutica. Colabora com a regeneração tecidual, favorecendo a recuperação das doenças. Também é considerada a cor da saúde física e da estabilidade emocional. Promove o relaxamento corporal. Age como anestésico cromoterápico, sendo indicada para qualquer tipo de dor.

Possui efeito calmante e refrescante. É adstringente e age como um purificador; limpa as impurezas do organismo. É antisséptico e bactericida. Exerce ação retratora, contrai as artérias e as veias do corpo. Age no sistema nervoso parassimpático, favorecendo a redução das atividades neuroquímicas, proporcionando relaxamento e redução da excitação nervosa, baixa os sinais nervosos.

Diminui a pulsação cardíaca. Energiza as paredes dos vasos sanguíneos (artérias e veias). Atua positivamente sobre o sangue, construindo a vitalidade e favorecendo a coagulação sanguínea. Fortalece as paredes do intestino grosso, colaborando para a produção do muco lubrificante, dando vilosidade às fezes. No intestino delgado, propicia condições adequadas para a boa absorção de nutrientes, é indicado para crianças em fase de crescimento. Energiza a glândula tireoide, ajudando no metabolismo corporal e consequente manutenção do peso.

Também age sobre a pele, proporcionando maciez e suavidade dos tecidos. Fortalece a mucosa das vias respiratórias (nariz, laringe e brônquios), aumentando a produção do muco protetor das vias aéreas, principalmente quando elas estiverem afetadas por algum processo inflamatório ou infeccioso. Também energiza a mucosa (tecido das paredes internas) do aparelho digestório, sendo recomendado na boca, esôfago e estômago. Ajuda as atividades das glândulas salivares, contribuindo para manter a boa salivação.

Relaxa o diafragma (músculo da respiração), reduzindo o ritmo respiratório. Preserva a saúde da garganta e fortalece as cordas vocais.

Ameniza as contrações uterinas, sendo recomendado no início da gravidez, para ajudar a implantação do óvulo fecundado nas paredes do útero. Também favorece todo o período da gestação.

O azul promove benefícios ao sistema articular. Mantém as condições favoráveis aos movimentos das articulações, favorecendo a produção e secreção do líquido sinovial, que lubrifica as cartilagens articulares.

Indicações terapêuticas

Age como analgésico cromoterápico, indicado para a qualquer tipo de dor no corpo. Promove a redução da pulsação cardíaca, sendo recomendado para baixar a pressão arterial nos casos de pressão alta.

É considerado uma cor adstringente, que provoca a constrição dos tecidos do corpo, reduzindo o seu volume. É indicado, portanto para quaisquer alterações funcionais que deixam os órgãos maiores ou mais avolumados. A função constritora do azul favorece a diminuição do tamanho, ajudando na recuperação desses tipos de doenças.

Promove a diminuição dos movimentos peristálticos, sendo aconselhado para náusea e vômito. É indicado para os casos de intestino preso; colabora para o crescimento, sendo importante durante a fase do desenvolvimento da criança.

É recomendado para os processos inflamatórios e infecciosos. Age no sentido de dificultar a proliferação dos agentes infecciosos e reduz o volume inflamatório. Fortalece a mucosa nasal, sendo aconselhado para a rinite e sinusite. É a principal cor indicada para a febre alta. Deve ser usada em algumas alterações de pele, tais como coceira, escamações, ressecamento e manchas avermelhadas.

Inibe a secreção dos ácidos estomacais, evita as queimações e a manifestação da gastrite e da úlcera. É indicado para dores musculares, inclusive as provocadas após crise de cãibra.

Energiza as vias respiratórias — fossas nasais, laringe, brônquios—, contribuindo para a restauração das mucosas e preservando a umidade das vias aéreas, que favorece a aderência de partículas inaladas, evitando que elas atinjam o pulmão. Essa cor é indicada para qualquer problema respiratório e de garganta, tais como os distúrbios da voz (rouquidão e afonia), laringite, faringite e amigdalite.

O azul é **desaconselhado** nos casos de trombose, hipotermia (tremores de frio) e bradicardia (redução dos batimentos do coração).

Para as pessoas que são apáticas e ficam prostradas, bem como para aquelas que estão deprimidas, não se deve abusar no uso do azul. Quando ele for necessário, seu uso deve ser moderado, não se estendendo por muito tempo de incidência sobre a pessoa.

Aspectos psicoemocionais do azul

O azul proporciona paz e serenidade, aquietando a mente. Reduz as tensões provocadas tanto pela agitação mental quanto pelas circunstâncias turbulentas do ambiente. Ajuda a controlar as ideias obsessivas e os padrões de comportamentos repetitivos, aquelas ações que não nos damos conta e quando vemos, já agimos de maneira automática, praticamente sem pensar ou planejar. Geralmente nos arrependemos por agir de forma impensada.

Indicado para as pessoas compulsivas e histéricas. Eleva as faculdades mentais, promovendo a estabilidade emocional. Os pensamentos tornam-se serenos e coerentes, permitindo bom encaminhamento das ideias, que levam à harmonia e ao equilíbrio emocional. É indicado nos casos de perturbação mental ou pensamentos obsessivos.

O azul favorece a constituição dos laços fraternos, permitindo sentir melhor o outro e não ser levado por ideias fixas e preconcebidas sobre aqueles que nos rodeiam. Desperta a sinceridade, o companheirismo, a gratidão e o altruísmo (interesse pelo próximo).

Afugenta a incredulidade, minimiza as preocupações exageradas, colabora para resgatar a certeza nos resultados favoráveis e nas situações promissoras. Ao despertar a fé, promove um estado de quietude interior, como se estivéssemos sendo conduzindo por ondas promissoras que se movem a nosso favor, produzindo na realidade as condições para realizar os nossos objetivos e suprir as necessidades existenciais.

O azul desperta o espírito terapêutico. Ele está presente nos "corações" em forma de fé e na aura das pessoas voltadas a promoverem saúde e bem-estar aos outros. O envolvimento com a energia dessa cor cria um campo de proteção vibracional, que evita os ataques energéticos negativos. Sob o envolvimento do azul estamos protegidos das forças do mal que nos cercam a todo instante. Elas provocam mal-estar e tantos outros transtornos, principalmente o mau humor.

Trata-se da cor que se relaciona ao mais elevado e puro ato de doação e generosidade, sem o egoísmo que leva a tirar proveito mesquinho das situações, mantendo o espírito de troca sem abusos ou ações tendenciosas. O azul eleva o Ser aos patamares energéticos e espirituais do bem e da benevolência. Ele favorece a introspecção e a meditação.

O azul simboliza devoção, fé, oração, sinceridade, lealdade, confiança, tranquilidade, elegância, céu e meditação.

Índigo

Essa cor origina-se da junção do azul, associando as qualidades inerentes ao ser, espiritualidade e fé, com um pouco da cor vermelha, que representa um ponto da manifestação dirigida ao ambiente ou a um objetivo.

O índigo é a cor que amplia os horizontes da mente, permite compreender amplamente as situações ao redor. Desperta a consciência que eleva o grau de entendimento dos fenômenos existenciais. Esse estado alterado de consciência reduz os estímulos do corpo, tornando-os imperceptíveis. A própria dor é suavizada. A pessoa não percebe esses sinais gritantes do organismo, não significa que ela perde a sensibilidade das próprias sensações, mas amplia tanto a sua consciência, que os desconfortos passam a ser irrelevantes, perdendo a notoriedade da percepção consciente do seu próprio corpo.

O fenômeno perde a especificidade, passando a ser relativizado e não mais julgado ou criticado. A pessoa atribui um sentido maior às ocorrências. Tudo se torna possível de ser compreendido, realizado ou tolerado, transcendendo os limites de percepção dos sentidos visuais e auditivos. Enxerga além daquilo que está manifesto e ouve mais do que é dito, captando na sutiliza da manifestação dos outros o significado da sua fala e dos fatos expressos à sua frente.

O índigo promove um estado de profundo relaxamento, que favorece o desprendimento do corpo, possibilitando a projeção astral e a vivência dos estados alterados da consciência. Trata-se da saída consciente do corpo para explorar novas sensações e obter experiências extrassensoriais.

Essa cor ajuda a trabalhar os processos de culpa em que a pessoa se arrepende dos seus atos e até se agride, para poupar os outros dos infortúnios. Ela volta-se contra si própria, responsabilizando-se por tudo o que deu errado à sua volta. Outro movimento é para fora, a pessoa passa a culpar os outros, atribuindo a eles total responsabilidade sobre os eventos, quando na verdade não existem culpados. Cada um tem o seu propósito e está buscando dar o melhor de si, dentro daquilo que for capaz de executar.

O índigo desperta a indulgência e alto grau de tolerância para consigo mesmo e com os outros.

Índigo na saúde

A pequena quantidade da cor vermelha que escurece levemente o azul, dando a tonalidade mais encorpada, não deixa a cor opaca, ela ficaria assim caso fosse misturada ao preto. O azul escurecido com o vermelho assume a tonalidade do céu da meia-noite.

Nem sempre conseguimos essa cor em lâmpadas coloridas. Seria necessário envolver a luz azul em papel celofane ou papel gelatina na própria cor azul. Esse processo deixa o azul mais encorpado, na frequência do índigo. Não conseguindo produzir o índigo, pode-se aplicar o próprio azul, visto que ele possui funções que se assemelham ao índigo. Obviamente se adquirirmos uma lanterna de cromoterapia, ela já vem com a cor índigo.

Semelhante ao azul, o índigo possui efeito relaxante, porém com leve vigor físico, evitando que a ação inibidora da cor exceda. Com ele pode-se acalmar e inibir sem levar ao recolhimento e à apatia. Para as pessoas que têm tendência ao desânimo, o índigo pode ser usado sem qualquer possibilidade de acentuar esse quadro.

Também colabora na regeneração celular do corpo, contribuindo para resgatar a saúde.

Fortalece o globo ocular, favorecendo a saúde dos olhos, mantendo a boa visão. Também exerce efeito benéfico sobre os ouvidos, tímpano e labirinto, contribuindo para a preservação da saúde auditiva.

É um potente energizador da glândula hipófise, exercendo, por meio das funções hipofisárias, efeitos reguladores dos hormônios do corpo. Nos casos de desequilíbrios hormonais, a aplicação do índigo sobre a hipófise favorece a estabilidade bioquímica, ajudando a regular os hormônios na corrente sanguínea. No entanto, quando a defasagem hormonal for de um hormônio específico, deve-se usar a cor correspondente aos órgãos que o produzem (exemplo: para os hormônios ovarianos, cor rosa; tireoidiano, cor azul, e assim sucessivamente).

O índigo age positivamente sobre o sistema linfático, favorecendo o processo de drenagem linfática que, dentre outras coisas, colabora para manter o equilíbrio do volume líquido do corpo, conduz os agentes de defesas do organismo etc. Essa á a principal cor para atuar nesse sistema.

Indicações terapêuticas

Indicado para hemorragia. Para quem precisa das propriedades do azul e apresenta quadros de desânimo, apatia e prostração, uma boa alternativa é usar o índigo, pois a pequena presença do vermelho na mistura da cor promove leve atividade, não acentuando a tendência à ociosidade e à preguiça.

Energiza os fagócitos, que são as células destruidoras dos micro-organismos. Por isso é recomendado para inflamação.

Indicado para distúrbios da visão, tais como glaucoma, catarata, descolamento da retina e outras afecções do olho. O índigo deve ser usado também para qualquer problema auditivo, inclusive nos casos de labirintite.

O índigo é recomendado em casos de má drenagem linfática, gerando o acúmulo de líquido no corpo e o inchaço. Para esses casos, o índigo é a principal cor a ser aplicada na região em que se apresenta o distúrbio. Os movimentos da luz devem seguir a rota da linga, da extremidade para o centro do corpo.

Exerce efeito redutor do baço, deprimindo as suas funções. Evita a destruição de glóbulos vermelhos do sangue, ainda que o faça das células velhas e cansadas. No entanto, nos casos de anemia, o corpo não pode perder essas células, mesmo tendo passado a fase de seu melhor desempenho no transporte dos gases, eles são necessários para o organismo em virtude da baixa quantidade de glóbulos vermelhos.

O índigo não apresenta significativas restrições no seu uso. Por outro lado, deve ser evitado nos casos de câncer, em virtude da ação estimuladora sobre os vasos linfáticos. Esses, por sua vez, podem colaborar para a remoção e consequente deslocamento das células cancerígenas. Sendo, portanto, desaconselhado nas pessoas que apresentam tumores cancerígenos.

Aspectos psicoemocionais do índigo

O índigo ajuda na dificuldade das pessoas de permanecerem em locais fechados, principalmente para quem sofre de claustrofobia.

Também, para aquelas que sofrem de complexo de inferioridade, ajuda a pessoa a reconhecer os seus potenciais e a conviver melhor com ela mesma e com quem estiver do seu lado. Ajuda nos processos de obsessões mentais, manias de perseguição.

Reforça a consciência dos potenciais inerentes ao Ser, possibilitando-o manter disposto e motivado a seguir em frente e não se deixar esmorecer diante dos desafios e dos obstáculos.

O índigo simboliza noite, ocasião solene, dignidade, intuição e compreensão.

Violeta

O violeta é a última cor do espectro da luz. Ela reúne as qualidades dos raios luminosos na ampliação dos potenciais inerentes ao Ser, promovendo um estado de lucidez. Estabiliza as emoções, assentando-as a um campo da consciência e dando força aos ideais, e aumenta a firmeza nos propósitos. Cria um estado interno propício ao poder e a autoridade sobre si mesmo, sobre o ambiente e sobre os outros.

O poder deve ser exercido primeiramente sobre si mesmo, no domínio das emoções e dos pensamentos. Depois, sobre os nossos recursos de maneira coerente, segura e assertiva no meio em que atuamos. Assim, conseguimos sensibilizar os outros, mobilizando-os para os mesmos objetivos que os nossos. Desse modo, exercemos a autoridade natural, sem impor, tampouco exceder no autoritarismo. Passamos a persuadir os outros sem anular as suas qualidades; possibilitamos a soma dos seus potenciais para uma mesma direção ou finalidade.

A cor violeta possibilita a mobilização do grupo e a manifestação do poder e da autoridade. Renova as forças internas para retomar novos rumos ou novos projetos, voltando os potenciais para finalidades maiores e nobres da existência.

Promove um estado de autorreferência, elevando o autoapreço e a autoadmiração, fortalecendo-nos para atuar na vida de maneira consciente e majestosa. Rompe-se as amarras nocivas do passado, libera-se o rancor e soltam-se as mágoas, promovendo condições internas propícias ao perdão.

Quando perdoamos, deixamos de carregar os ressentimentos pelos infortúnios vivenciados, sejam nas situações traumáticas, sejam nas decepções com as pessoas que fizeram ou ainda fazem parte na nossa vida. Os eventos desastrosos geram profundas marcas emocionais, que permanecem arraigadas, como espécies de feridas energéticas, que corroem os nossos potenciais.

Essas marcas serão removidas quando formos capazes de perdoar. Somente a partir desse movimento interior, passamos a reconstruir novos horizontes de atuação. Assumimos os potenciais que permaneceram adormecidos, despertando inúmeros talentos que nos fazem sentir poderosos. É como se acordássemos o gigante interior. O violeta favorece essa vida nova.

Segundo os estudos da Metafísica da Saúde, as mágoas e os ressentimentos guardados podem originar o câncer. Assim sendo, a ação do violeta contribui tanto para remover esses componentes nocivos arraigados, quanto energiza a região afetada por essa doença, sendo a principal cor recomendada para os casos de cura do câncer.

Violeta na saúde

De modo geral a ação do violeta sobre o organismo consiste em promover um estado alterado de consciência e acessar o poder absoluto sobre si mesmo e sobre o organismo. Essa cor resgata a autoridade do Ser sobre os processos biológicos, colocando-nos diante do poder para transformar doença em saúde. Basta firmar um decreto ao organismo. É necessário usar toda a nossa força interior e a consciência de que somos regentes absolutos das condições do corpo e podemos orquestrar a reorganização biológica e implantar a saúde nos órgãos afetados por alguma doença.

Para se beneficiar com a energia do violeta, devemos nos envolver nessa cor e visualizar o próprio corpo, em especial as regiões afetadas pelas doenças, e mentalizar fortemente. Em seguida, pronunciar mentalmente a seguinte frase: *Eu sou perfeito, não tenho doenças, tudo em mim funciona perfeitamente bem.*

O violeta energiza a glândula pineal, localizada no centro da cabeça na região da coroa. Fisiologicamente, ela produz o hormônio melatonina. No âmbito energético e metafísico, representa o centro da compreensão espiritual, que possibilita a percepção extrassensorial, abrindo os canais para a intuição e a inspiração. Essa é a cor com mais propriedades terapêuticas para o sistema nervoso central. Energiza as estruturas do encéfalo, fortalece as células nervosas, criando condições saudáveis para a propagação dos sinais nervosos. Mantém a sensibilidade necessária para o seu bom funcionamento. Contribui para a memória, raciocínio, preservação dos movimentos e a coordenação motora.

Atua no sangue, energizando os glóbulos brancos e mantendo a função dessas células defensoras do organismo. Fortalece o sistema imunológico, contribuindo para a coordenação funcional do corpo. Evita os ataques de agentes estranhos, tais como os vírus, bactérias, fungos e outros intrusos que comprometeriam a saúde.

Quando usado no ambiente de alimentação, como na cozinha, inibe o apetite. Ajuda nos regimes, visto que o contato óptico com objetos de decoração ou luz violeta, desestimula a ingestão exagerada de comida.

Indicações terapêuticas

O violeta é indicado para as alterações nervosas, que afetam o sistema nervoso central. Colabora para o fortalecimento neuronal, sendo recomendado nos casos de AVC (acidente vascular cerebral ou encefálico), derrame, parkinson, Alzheimer e outras disfunções ou doenças que afetam o sistema nervoso.

No caso de tumores malignos, a presença dessa cor inibe o seu desenvolvimento, evitando que o câncer se prolifere. Cria condições energéticas favoráveis para a redução do tamanho do tumor.

Atua positivamente sobre as amígdalas, energizando essa glândula localizada na garganta e evitando os processos infeciosos na garganta.

O violeta é **desaconselhado** para as pessoas que se encontram extremamente desequilibradas, nos quadros de depressão profunda e com tendências suicidas.

Aspectos psicoemocionais do violeta

A cor violeta transmuta energias e padrões de comportamentos. A transmutação de energia consiste em dissipar forças energéticas negativas ou nocivas e retorná-las ao estado original de pureza. É uma espécie de purificação energética.

O mesmo ocorre em relação aos padrões internos. A influência dessa cor contribui para modificar as cristalizações mentais e os padrões emocionais, minimizando os pensamentos obsessivos, as angústias e opressões. Ameniza as emoções mais densas, como o ciúme, a inveja e outras. Existem duas cores que agem positivamente nesses quadros emocionais: o laranja e o violeta. O laranja libera as forças internas e rompe as barreiras energéticas, removendo as supressões psicoemocionais e desprendendo a negatividade. O violeta, por sua vez, age por meio da elevação e expansão da consciência. Ele transcende esses estados negativos e nocivos que ficam grudados na aura e arraigados nas emoções. Por meio da transcendência liberta-nos dos conteúdos nocivos do campo energético. Resgata a pureza e promove saúde e bem-estar físico, emocional e espiritual.

O violeta **simboliza** dignidade, devoção, piedade, espiritualidade, nobreza e esplendor.

CAPÍTULO 5
A cor na personalidade

O que nos leva a gostar mais de uma cor do que de outra, a optar por uma determinada cor numa época e, em certas ocasiões, preferirmos outra?

Se observarmos os momentos em que somos atraídos para uma cor, conseguiremos perceber nosso estado interior diante dos acontecimentos ou mesmo numa fase da vida.

A opção por uma determinada cor é um mecanismo de ressonância energética. De acordo com o nosso estado emocional e psíquico, produzimos vibrações numa frequência, a cor preferida corresponde à mesma faixa vibracional do estado psicoemocional. A preferência pela cor reflete o nosso estado interior. Gostamos de uma cor porque ela representa o que sentimos naquele momento ou o que somos, a maneira como pensamos, nos comportamos ou preferimos que as coisas aconteçam.

Uma pessoa depressiva, por exemplo, sente-se atraída por cores escuras, a neutralidade desses tons se associa ao momento de isolamento e de indiferença em que ela se encontra. Por outro lado, aqueles que estão de bem consigo mesmo e com a vida, interagindo harmoniosamente com todos que o cercam, preferem as tonalidades claras. Elas expressam esse estado harmônico de integração e de convívio agradável.

A busca por estímulos despertará atração pelas cores quentes do espectro (vermelho, laranja e amarelo). Quando se aspira calma e serenidade, a pessoa opta pelas cores frias (azul, índigo e violeta).

A preferência por cores definidas ou matizes próprios da cor, como verde bem verde, o mais puro matiz do azul e assim sucessivamente, demonstra características de pessoas objetivas na maneira de pensar e agir, que não gostam de rodeios ou de meias palavras, buscam o esclarecimento dos fatos e são diretas nas suas colocações. Já a predileção pelas nuances indefinidas da cor, como um verde azulado ou mostarda (amarelo alaranjado), representa traços de personalidade de pessoas maleáveis e flexíveis na maneira de pensar, que são fáceis de conviver em grupo, porém podem apresentar subjetividade e falta de clareza na expressão.

As cores podem tanto representar a personalidade da pessoa, quanto refletir um estado momentâneo que ela estiver atravessando. Em resumo: se escolhe uma cor para certa ocasião, o seu estado emocional é compatível com a cor escolhida; trata-se de reações momentâneas aos acontecimentos presentes. Considera-se a cor relacionada à sua personalidade aquela preferida por longos períodos, a cor de que sempre a pessoa gostou ou que durante muito tempo foi a sua predileta.

Geralmente a predileção é por mais de uma cor. Em certa área da vida, nos comportamos de determinada maneira. Podemos ser mais expressivos no trabalho e gostar de cores estimulantes ou quentes; ser mais fechados na vida afetiva e preferir cores escuras que equivalem a esse estado afetivo. Assim, quando a vida afetiva estiver em evidência, somos propensos a escolher tons escuros. O mesmo ocorre quando nos vestimos para ocasiões profissionais: escolhemos cores vibrantes. A cor que mais se destaca no guarda-roupa ou a que mais preferimos por longos períodos, representa aquela associada à área da vida que está mais em evidência naquela fase da vida.

Nem todos gostam das mesmas cores; espera-se que as pessoas não tenham preferências pelas mesmas cores. Algumas cores não dizem nada para certas pessoas, não representam nenhuma de suas características emocionais. O fato de elas não serem prediletas, não significa que sejam insuportáveis. Quando alguém detesta uma cor é porque existem conflitos emocionais relacionados à cor. Alguns até gostam de certos tons, mas não se veem usando. Eles até mencionam achar bonito, porém não se sentiriam bem usando. Isso ocorre porque eles possuem as características da cor, mas não assumem os seus traços e resistem em manifestar a sua natureza interior.

Dentre as principais características da personalidade das cores que serão apresentadas a seguir, existem alguns aspectos negativos. As pessoas que gostam da cor podem apresentar alguns traços negativos. É como se elas extrapolassem ou levassem ao extremo as condições emocionais relacionadas às cores preferidas.

Vermelho na personalidade

A predileção pela cor vermelha demonstra que as pessoas interpretam com objetividade o que acontece ao redor e são conscientes da realidade concreta. São dinâmicas e procuram viver prazerosamente. Interagem com os acontecimentos rotineiros com segurança e confiança em si e na sua capacidade de serem bem-sucedidas no que se propõem realizar. Gostam de participar ativamente dos eventos exteriores.

São pessoas extrovertidas e confiantes; falam espontaneamente, com franqueza e sinceridade. Dentre os atributos da personalidade das pessoas que preferem o vermelho, destacam-se a confiabilidade e a pronta disposição para agirem.

Absorvem com facilidade as ideias dos outros, desde que tenham fundamentos. Não sabem lidar com a subjetividade, preferem a realidade concreta às teorias abstratas. Rejeitam todas as formas de monotonia. Assumem posições definidas e são rápidas no julgamento.

Desejam controlar as situações ao redor e destacam-se perante aqueles com quem convivem, devido à espontaneidade e à pontualidade na manifestação dos seus anseios. São generosas e não medem esforços para ajudar; podem chegar ao extremo de se prejudicarem em benefício do próximo.

Apresentam tendência a temperamentos explosivos. As formas de extravasarem suas energias, quando se sentem frustradas, são por meio da agressividade ou da intensa atividade sexual. Os aspectos negativos da personalidade podem ser também a agressividade e a estupidez nas relações com aqueles que estão à sua volta.

As pessoas que não gostam do vermelho são aquelas que preferem tranquilidade. Em especial as que vivem num ambiente agitado, mas preferem sossego, são propensas a não gostarem dessa cor. Também aquelas que estão desanimadas, frustradas e se sentem fracassadas, podem sentir aversão pelo vermelho, visto que ele representa a disposição e o espírito da vitória.

Por outro lado, quem gosta dessa cor, mas não consegue usá-la, não se sente bem vestindo roupas vermelhas é porque possui as características de personalidade compatíveis a ela, no entanto não assumem o seu lado extrovertido. Esconde-se atrás do formalismo, do acanhamento ou da timidez, reprimindo a sua natureza íntima.

Laranja na personalidade

A preferência por essa cor revela características ousadas e destemidas. São pessoas corajosas que se envolvem intencionalmente nas atividades difíceis e arriscadas; vão em busca daquilo de que gostam sem medir as consequências.

Gostam de desafios, de superar obstáculos e de viver perigosamente. Testam os seus limites, dedicando-se a aventuras, que põem em risco a sua estabilidade, podendo comprometer a vida pessoal ou financeira.

Por maiores que sejam os obstáculos, não se acovardam. Ao contrário, mobilizam-se em planejarem estratégias para superar as dificuldades e vencerem os desafios. São extrovertidas, astutas e persistentes.

A cor laranja é composta pelo vermelho e amarelo, reunindo a praticidade do vermelho e a criatividade do amarelo, conferindo às pessoas que a preferem persistência, tenacidade e conhecimento de causas.

Elas sabem o que fazer e por onde começar. Buscam a realização por meio de ações práticas e da conquista do que lhe dá prazer. Possuem fortes necessidades emocionais, precisam de afeto. Ficam satisfeitas quando conseguem expressar seus sentimentos.

Geralmente, o laranja é preferido pelas mulheres, visto que ele simboliza a maternidade.

Os homens que possuem traços de personalidade compatíveis ao laranja, costumam gostar do vermelho e do amarelo; dificilmente gostam do próprio laranja.

Os aspectos negativos da personalidade de quem gosta do laranja são arrogância, egocentrismo e falta de consideração e respeito aos limites dos outros.

As pessoas que não gostam da cor laranja podem apresentar quadros emocionais de frustrações, depressões e sentirem-se fracassadas; também aquelas que negam os seus impulsos arrojados e que são pessimistas, costumam desenvolver aversão pela cor laranja.

Amarelo na personalidade

A alegria e o bom humor são um traço predominante na personalidade das pessoas que gostam do amarelo. São joviais, descontraídas, dinâmicas e expressivas. Possuem notável habilidade de comunicação. São envolventes, agradáveis e perspicazes, estão sempre dispostas a colaborar com os outros. Não têm nenhuma tendência ao isolamento, espargem alegria e esbanjam otimismo.

O amarelo estimula as faculdades mentais, assim, portanto, as pessoas que optam por essa cor são racionais, gostam de desafios que possibilitem demonstrar os seus conhecimentos e suas capacidades psíquicas. São brilhantes e criativas, suas habilidades mentais são expressas nas atividades práticas.

O dinamismo e a capacidade de comunicação se destacam na família, nos grupos de amigos e no ambiente de trabalho. São agradáveis para conviver, bem posicionadas e articuladas nas suas argumentações, reconhecem suas condições e respeitam a posição dos outros. Não são persuasivas, tampouco querem exercer o papel de líder do seu grupo, simplesmente gostam de conversar e isso lhes proporciona um destaque natural entre os demais, sem fazer qualquer esforço para isso.

Vivem mais em função do meio do que conscientes das próprias vontades. São dedicadas e prestativas para com os outros. Lidam melhor com as questões racionais do que com as afetivas, são mais razão do que emoção. Apresentam certa frieza emocional. Não lidam bem com os seus sentimentos, também não sabem expor aquilo que estão sentindo. Controlam os seus impulsos e dão muita importância às opiniões alheias.

Dentre os aspectos negativos da personalidade das pessoas que gostam do amarelo, destacam-se o excesso de razão e o rebaixamento da afetividade. Elas podem se tornar exageradamente críticas e exigentes para consigo mesmas e com os outros.

Frustram-se com facilidade e não sabem lidar com os insucessos. Quando se decepcionam, em vez de reagirem diretamente na situação e com as pessoas envolvidas, fogem para os sonhos e fantasias ou se deslocam para outros grupos, deixando mal resolvidas algumas situações. A aversão ao amarelo pode surgir em pessoas que se depararam com a falsidade dos outros e foram enganadas, bem naquelas que são pessimistas, amarguradas e deprimidas.

Verde na personalidade

A predileção pela cor verde revela características de ponderação e de comedimento. São pessoas que não se empolgam facilmente, possuem certa neutralidade que permite a elas fazerem bom juízo de valores. Avaliam os acontecimentos, contemplando os dois lados da situação, chegando a conclusões justas. São sensíveis, bem organizadas internamente e estáveis emocionalmente.

A criatividade é um traço marcante na personalidade das pessoas que gostam do verde. Elas são inteligentes, perspicazes e estrategistas; desenvolvem raciocínios lógicos e coerentes sobre os dilemas da vida. Encontram soluções inovadoras, práticas e funcionais, para as situações mais confusas e embaraçosas do cotidiano.

Seu potencial está mais na organização estratégica do que na realização prática daquilo que idealizou. Não gostam muito de atividades que envolvam esforços físicos, preferem ficar na coordenação e não na realização das tarefas. As situações inacabadas causam-lhes desconforto e frustrações, pois elas representam os projetos que não foram executados.

São pessoas que se atêm aos detalhes, comprometendo o andamento da situação como um todo. Se não se perdessem nos detalhes, conseguiriam realizar inúmeros feitos na sua vida. As metas estabelecidas diariamente estão além da possibilidade de realizá-las. Não sabem equilibrar os objetivos com o tempo disponível e as condições do meio para a execução dos mesmos.

Agem com seriedade e certo formalismo, não são soltas para fluírem no ambiente. Estão sempre avaliando, fazendo observações e ponderando as medidas cabíveis para o momento. Não percebem os seus componentes emocionais, tais como a indiferença para com aquela questão. Caso o fizessem, deixariam de lado alguns aspectos irrelevantes e realizariam outros mais importantes.

São pessoas confiáveis e dotadas de um elevado senso de companheirismo no trabalho. Entretanto, costumam ser inflexíveis e obstinadas naquilo que pretendem realizar. Possuem certa dificuldade para acatar as opiniões contrárias ao seu ponto de vista, em virtude dos elevados critérios empregados nas suas decisões. Tornam-se difíceis de serem convencidas do contrário ao que concluíram, pois a avaliação prévia foi criteriosa; dificilmente apresentarão argumentos mais convincentes que os seus.

Os aspectos negativos da personalidade consistem em elevada subjetividade, aparente frieza e indiferença para com as questões afetivas e perfeccionismo. Geralmente a pessoas objetivas, impulsivas, ansiosas e aquelas que esperam vantagens imediatas, não gostam da cor verde. O fato de não admitirem situações indefinidas ou duvidosas se projeta na aversão por essa cor.

Azul na personalidade

As pessoas que gostam dessa cor são sensíveis aos outros e a todas as formas de beleza e de arte. São meigas e serenas, prezam a amizade e o companheirismo, gostam de conviver bem com todos que as cercam. A dedicação e o empenho a quem elas querem bem se destacam nos seus gestos; são prestativas e respondem de maneira solícita a quaisquer pedidos feitos por alguém do seu meio. Estão sempre dispostas a colaborar e participar das questões relacionadas a quem elas querem bem. Procuram ajudar aqueles que precisam de apoio e de atenção. Para elas a emoção é a chave da interação humana, sem a qual nada vale a pena, um ambiente sem alguém para interagir é um vazio que nada preenche.

Estão sempre tranquilas, serenas e bem-humoradas. Dão mais importância aos relacionamentos do que à estética corporal ou às conquistas materiais. São intuitivas e sensíveis às vibrações energéticas provenientes dos outros. Têm dificuldade para transmitir o que sentem e as suas inspirações.

Consideram a atenção voltada a si como narcisista, preferem compartilhar as coisas boas a usufruírem delas sozinhas. Seu maior desafio consiste em estabelecer limites para participar da vida dos outros. Precisam aprender a se posicionar e preservar os seus espaços, evitando interferências alheias.

Os aspectos negativos da personalidade das pessoas que gostam do azul consistem no fato de elas se envolverem de maneira exagerada com quem as cerca; na vontade de se doarem, mesmo quando não podem, colocando as necessidades dos outros acima das suas. Esses exageros provocam carências e solidão. Isso as torna dependentes da companhia de alguém, para preencher o seu vazio. Como nem sempre podem contar com os outros, sentem-se infelizes por não encontrarem quem pensa nas suas necessidades, como elas pensam nas dos outros. A falta de reconhecimento pode abalar a autoestima, fazendo com que elas se sintam abandonadas e tristes.

É preciso se assumirem, descobrirem as suas necessidades e não serem tão voltadas aos outros. Conscientizarem-se de que não terão nada para dar aos outros, se não desenvolverem os seus conteúdos internos.

Não gostar do azul demonstra dificuldade de envolvimento, de entrega e dedicação aos outros. É recusar-se a interagir com o ambiente e querer tudo a seu modo, sem considerar as opiniões alheias.

Violeta na personalidade

Sendo o violeta a cor do espectro da luz que possui frequência vibracional elevada, as pessoas que optam por ele são capazes de reconhecerem os princípios superiores que regem as situações existenciais. Sua óptica não é restrita ao fato propriamente dito, avaliam as circunstâncias com maior amplitude de consciência. Procuram ir diretamente ao âmago das questões, não se deixam levar pelas aparências.

Para elas, a espiritualidade significa entrar em contato com a sua própria essência, dessa maneira conquistam o crescimento e o desenvolvimento interior.

Têm habilidade de elaborar conjecturas mais aprimoradas, dando maior impacto às suas ideias e desejos. São líderes natos. Quando conseguem dosar a sua necessidade de poder do seu ego com o lado humano e social, são excelentes companheiras e atingem o sucesso. Já, quando estão desequilibradas, não dão muita atenção às opiniões alheias, tampouco respeitam a individualidade dos outros.

Do ponto de vista energético e emocional, possuem uma sensibilidade aguçada e são intuitivas. Não se empolgam facilmente, costumam ser cautelosas e seletivas na hora de compartilharem os seus pontos de vista e de manifestarem os sentimentos.

A expressão da afetividade é feita com prudência. Apesar dessa cor ter grande potencial afetivo, aparentam certa frieza. A postura de indiferença é apenas um mecanismo de defesa para esconder a sua vulnerabilidade afetiva. Encontram dificuldade para estabelecer relacionamentos mais próximos e íntimos. Costumam reprimir os sentimentos, isso provoca uma espécie de turbulência interior que pode levar a episódios de explosões e estupidez para com aqueles que as cercam.

São pessoas mais propensas a desenvolverem teorias do que partirem para a ação. Não se interessam tanto pela execução dos seus planos, preferem planejar e delegar aos outros a execução das suas estratégias.

A visão ampla da situação aumenta o grau de exigência para consigo mesmas, provocando elevada autocrítica e propensão a culpa, principalmente quando não conseguem se comportarem de maneira relevante diante dos desafios existenciais.

Vale lembrar que algumas pessoas que têm verdadeiro fascínio pela cor violeta apresentam certa imaturidade e traços infantis. Elas sentem-se atraídas pelo violeta de maneira compensatória, ou seja, a atmosfera de elevação e superioridade dessa cor contrapõe os traços infantis da sua personalidade, proporcionando sensações de maturidade e de domínio sobre as situações do cotidiano.

A atração pelo violeta por parte de pessoas que não apresentam traços da personalidade condizentes a cor, conforme apresentados anteriormente, pode ocorrer quando elas se sentem perturbadas e estão em constante busca por espiritualidade e elevação do padrão vibracional. A presença dessa cor contribui para produzir uma atmosfera elevada e proporcionar conexões com o plano espiritual.

Dentre os aspectos negativos da personalidade das pessoas que gostam do violeta, destacam-se a presunção; elas acham que podem tudo; indiferença para com as fragilidades alheias e o excesso de domínio que tentam exercer sobre os outros, tornando-as controladoras e até dominadoras.

Não gostar do violeta demonstra revolta com figuras de autoridade que deixaram marcas negativas ao longo da sua trajetória de vida. São pessoas que querem ser livres e independentes, não gostam de que alguém fique do seu lado dizendo o que fazer e qual a melhor hora para agirem.

Rosa na personalidade

O rosa surge da mistura do vermelho com o branco. Ele ameniza a natureza instintiva do Ser humano, moderando os impulsos físicos e as reações hostis frente às adversidades cotidianas. Favorece o envolvimento mais amplo entre as pessoas, despertando os sentimentos de ternura e de afetividade de uma para com a outra.

Dentre as características da personalidade daqueles que gostam do rosa destacam-se a simpatia, docilidade, gentileza. São pessoas carinhosas e que manifestam a afetividade. Buscam viver em harmonia com todos ao redor. Priorizam as emoções e os sentimentos, não se prendem aos aspectos meramente materiais; são mais sensíveis e espiritualizadas.

Conseguem aliar firmeza emocional com meiguice e amabilidade, mantendo-se bem posicionado perante os outros, sem criticar ou agredir, tampouco ser submisso ou dependente. São pessoas inovadoras e corajosas, enfrentam os obstáculos do cotidiano sem desesperar-se.

Marrom na personalidade

O marrom é uma variante das cores estimulantes, suas características remetem ao ambiente, possibilitando ações moderadas e bem direcionadas diante dos outros.

A predileção por essa cor revela a capacidade expressiva e boa desenvoltura no trabalho. São pessoas ativas e persistentes; estão sempre prontas a tomar decisões e agir. Possuem acentuada firmeza de caráter.

A maturidade emocional é um traço marcante na personalidade das pessoas que gostam do marrom. Geralmente elas aparentam idade mais avançada. São bem posicionadas em relação aos seus objetivos, sabem o que querem e aonde chegar. São ágeis no trabalho e dinâmicas para fazer negócios.

Possuem bom tino para os negócios e pouca habilidade para se relacionar afetivamente. São mais hábeis para transmitir os seus pontos de vistas e mobilizar os outros a favor dos seus propósitos, do que expressar o que sentem. Isso dificulta a sua vida amorosa, distanciando aqueles a quem nutre profundos sentimentos.

Trata-se de pessoas propensas a se reprimirem afetivamente e serem melancólicas. No entanto, são dotadas de excelentes aptidões profissionais.

Branco na personalidade

Mesmo sendo uma cor composta pela junção de todas as cores do espectro da luz é considerada de baixa estimulação. As pessoas que gostam dessa cor apresentam traços de personalidade serena e espontânea, agem com sutileza e sinceridade, tornando-se agradáveis na convivência.

São flexíveis e se adaptam facilmente às adversidades do ambiente. Mesmo assim não gostam de lidar com situações tumultuadas ou conflituosas. Não têm habilidade para resolver as situações problemas, evitam maiores envolvimentos. Preferem protelar as decisões mais significativas, permanecendo na posição de neutralidade.

Procuram situações agradáveis e se mantêm longe das confusões. Gostam de se interiorizar e viverem em paz consigo mesmo e com aqueles que as cercam.

Preto na personalidade

A cor preta é a ausência de todas as outras cores, absorve os raios luminosos e não os reflete. Sugere neutralidade e distanciamento. Dentre as principais características da personalidade das pessoas que gostam dessa cor, destacam-se: a não interação com alguns aspectos da convivência; a discrição e até o isolamento.

Trata-se de pessoas seletivas no relacionamento, têm muitos critérios na escolha de quem vão estabelecer amizades. Geralmente não têm muitos colegas, somente aqueles que se afinam com os seus pontos de vista. Possuem dificuldade de se adequar ao ambiente. Costumam ser inibidas e algumas chegam a se isolar.

Algumas pessoas que gostam do preto se recusam a compactuar com os valores culturais e com os princípios morais. É como se elas constituíssem um grupo à parte da sociedade.

Também gostam do preto aqueles que querem se projetar no meio, mas não conseguem atravessar a barreira do constrangimento e da timidez. Preferem ficar restritos a sua zona de conforto, a se exporem ao ridículo e se tornarem alvos de críticas ou motivo de chacota por parte dos outros.

Outros gostam dessa cor pela sua discrição visual. O fato dela absorver os raios luminosos e não os refletir, suaviza os traços corporais mais acentuados, principalmente aqueles relacionados ao sobrepeso. As pessoas que estão acima do peso encontram nas roupas pretas uma maneira de suavizar os traços excessivos do seu corpo, dando a sensação de estarem mais magras.

Há aquelas que não estão acima do peso e gostam do preto, porque elas não querem chamar a atenção para si, preferem permanecer discretas nos ambientes, sem qualquer notoriedade por parte dos outros. A discrição dessa cor favorece esse propósito.

Existem pessoas que estão buscando a si mesmas e mergulham em profunda introspecção, visando ao autoconhecimento. Elas se afinam a essa cor pela característica de neutralizar o ambiente, evitando a dispersão do seu objetivo de conexão consigo mesma.

Ao se deparar com alguém que gosta de preto convém refletir, quais desses fatores emocionais são motivadores dessa predileção? Pode ser uma ou mais razões que foram apresentadas anteriormente.

Cinza na personalidade

Trata-se de uma cor neutra, que sugere distanciamento; as pessoas que gostam dessa cor preferem manter-se à parte dos acontecimentos. Só interagem quando se trata de algo de grande interesse, fora isso, não se empolgam facilmente com eventos. Preferem permanecer na posição de observador, sem participar ativamente das ocorrências.

São moderadas nas decisões, não tomam partidarismo imediato e facilmente se adequam ao contexto. Sua conduta é mais adaptativa do que interventiva; preferem acolher os conteúdos externos, a proceder de maneira efetiva nos eventos. Por isso, a sua posição no ambiente e perante os outros não é definida. Dificilmente, se integram aos acontecimentos. Sua presença pode passar despercebida, o que costuma causar desconforto, solidão e carências.

No entanto, quando se trata de algo de seu interesse, em vez de se lançarem imediatamente na situação, se recolhem e começam a criar expectativas. Essas limitam a aceitação de conteúdos diferentes daqueles que foram programados, tornam-se inflexíveis as opiniões dos outros. Quando não conseguem concretizar os seus intentos, frustram-se e isolam, tornando-se apáticos e desanimados.

Geralmente não se sentem bons o bastante para conquistar os seus objetivos, tampouco se julgam merecedores dos privilégios da vida. A baixa autoestima e a insegurança são traços frequentes na personalidade das pessoas que gostam da cor cinza. Elas têm dificuldade para tomar decisões, são indecisas e arrastam suas dúvidas até as últimas consequências. Precisam agir e não se posicionaram a respeito dos novos rumos.

Quanto mais escuro for o tom do cinza preferido pela pessoa, mais intensas são as características da personalidade apresentadas aqui. No tocante as tonalidades claras da cor cinza, quando essas forem as preferidas, mais suaves são os componentes emocionais.

Considerações finais

A cor afina-se aos estados emocionais da pessoa, podendo ser um meio de ela se conhecer melhor e de se aprimorar emocionalmente.

De modo geral, a preferência por uma determinada cor, revela estruturas emocionais na interação com o ambiente. As condutas relacionadas às cores apresentadas neste capítulo demonstram características compatíveis a certas estruturas internas e aos movimentos existenciais.

A predileção pelas cores vermelho e laranja demonstra estruturas de personalidade daqueles que se movem para o meio externo. Manifestam-se de dentro para fora, com habilidade para exteriorizar os seus conteúdos no meio em que vivem. Trata-se de cores que tanto favorecem esse curso de dentro para fora, quanto representam aqueles que já possuem essa habilidade de se exporem no ambiente.

A preferência pelas cores amarelo e verde representa um movimento contrário, de fora para dentro. Essas cores são preferidas pelas pessoas que têm habilidade de buscarem nos outros consideração, respeito e inspirações para ampliarem o seu universo interior, sejam informações ou exemplos; estão sempre abertas para aprender com a experiência alheia ou se preencher emocionalmente com os outros.

As pessoas que gostam do azul e do violeta estão em contato com a sua essência. Elas procuram os meios para expressar os seus componentes espirituais no mundo material. Buscam na fonte interior os seus recursos emocionais para externarem no ambiente. Elas olham tão fundo dentro de si que, praticamente, concebem um mundo distante da realidade que as rodeia.

Na prática, as pessoas que gostam do azul manifestam ações carregadas de componentes afetivos e de gestos solidários. Aquelas que preferem o violeta possuem uma facilidade para lidar com os conteúdos mais profundos do Ser. Por isso, lideram de maneira fácil as diretrizes existenciais daqueles que os cercam. Em alguns momentos, interferem nas vontades dos outros e sufocam a natureza deles, extrapolando a manifestação do poder.

Cartas cromáticas

São jogos de cartas coloridas usadas de maneira semelhante ao tarô, em vez dos símbolos arquetípicos, as cartas cromáticas são compostas de cores, que revelam as condições emocionais, energéticas e espirituais de quem as consulta. Elas desvendam conteúdos que se encontram profundamente arraigados no ser, acoplados na aura e também provenientes da esfera espiritual, por meio do significado da cor. Esses conteúdos são trazidos à luz da consciência para serem transformados ou potencializados, segundo o teor deles. Elas também indicam tendências, caminhos e possíveis eventos que estão por vir, contribuindo nas decisões a serem tomadas. Indicam as melhores condutas a serem adotadas frente às áreas da vida consultadas, seja na saúde, seja nas relações, seja no trabalho e outras.

Como montar o baralho de cartas cromáticas

Existe no mercado o jogo de cartas completo com todas as cores. Para conhecer os pontos de venda, consulte o site do autor (www.valcapelli.com). Também é possível montar o seu próprio jogo. Consulte o modelo no site, assim você poderá confeccionar o seu. As cartas são feitas com um material firme que pode ser de papel ou de plástico, como uma carta de baralho, preferencialmente no mesmo tamanho. Um lado deve ser preenchido com a cor; o outro deve ser neutro ou com algum desenho, esse deve ser igual em todas as cartas. São necessárias dez cartas, sendo uma para cada cor, conforme descrição abaixo.

Consulta às cartas cromáticas

A pessoa que estiver consultando as cartas fará uma escolha aleatória sem ver a cor que vai tirar. Desse modo não haverá a intervenção da consciência. A seleção da carta é feita pelo inconsciente, que revela, por meio da cor, a resposta para a pergunta feita ao baralho cromático. Esse processo se dá por meio da ressonância entre a energia da carta colorida com as condições internas. O campo energético de quem consulta será revelado de acordo com o significado da cor que foi tirada.

A consulta poderá ser feita pela própria pessoa ou mediada por um cromoterapeuta. Esse profissional possui amplos conhecimentos das cores, podendo expandir os significados da carta cromática retirada, acerca da área da vida que foi solicitada.

Utilização das cartas cromáticas passo a passo

A consulta deve seguir três passos:

1º - A pessoa que está consultando as cartas deve contemplá-las todas, com as suas respectivas cores antes de tirar a primeira carta.

2º - Em seguida, as cartas devem ser viradas ao contrário para a pessoa não ver as cores, e embaralhadas aleatoriamente. Depois todas elas devem ser expostas em formato de leque. Nesse momento, nem a pessoa que está consultando, tampouco o terapeuta devem ver a cor das cartas, para não serem sugestionados pelas cores. Elas devem ser tiradas sem a intervenção do consciente.

3º - Antes de tirar a carta deve-se formular perguntas sucintas e objetivas, tais como: *Que cor ajudará na saúde? Como a pessoa está se sentindo naquele momento? Qual a melhor cor para ser usada nos próximos dias?* Essa parte é essencial na consulta às cartas. A objetividade e clareza nas perguntas representam um fator significativo na fidedignidade das respostas obtidas.

Interpretação das cartas cromáticas

Após tirar uma carta em resposta à pergunta feita, a interpretação dever ser feita com base na descrição da cor a seguir, na próxima página. Pode-se fazer uma ou mais pergunta. A pessoa pode consultar como se sente e depois, qual a melhor cor para usar no dia a dia. No tocante aos benefícios da cor na saúde, a interpretação deve ser feita com base nas propriedades das cores, descritas no capítulo quatro deste livro.

Carta vermelha – Indica vigor, vitalidade, estímulos, força de vontade e disposição física. Por outro lado, pode indicar agitação, inquietude e irritabilidade.

Carta laranja – Representa coragem, ousadia, destemor e liberdade. Libera as energias acumuladas, estimulando o confronto com os desafios. Por outro lado, induz às aventuras perigosas, pondo em risco a estabilidade.

Carta amarela – Sugere clareza de raciocínio, vivacidade mental, alegria e jovialidade. Por outro lado, pode trazer impessoalidade, indiferença e frieza emocional.

Carta verde – Indica equilíbrio mental e emocional, harmonia, ponderação, bom senso e saúde. Por outro lado pode representar imparcialidade, indiferença e estagnação.

Carta azul – Significa calma, tranquilidade, conforto, companheirismo e confiança em si mesmo, nos outros e na vida. Por outro lado, comodismo e autoabandono.

Carta índigo – Revela boa perspicácia, entendimento dos processos, envolvimento e consciência apurada. Por outro lado, presunção e busca exagerada de explicação para todos os acontecimentos.

Carta violeta – Representa espiritualidade, transmutação, poder, requinte e sofisticação. Por outro lado, excesso de formalidade e autoritarismo.

Carta rosa – Manifesta carinho, afetividade, ternura, docilidade, fino trato e envolvimento amoroso. Por outro lado, ilusão, falta de limites e de discernimento.

Carta branca – Sugere leveza, suavidade, sem pressa para executar as tarefas e dar tempo ao tempo. Por outro lado, distanciamento que pode levar à displicência e indecisão.

Carta preta – Não se trata de presságio negativo. Significa que a pessoa não precisa fazer nada, sendo melhor deixar tudo como está, sem interferir para modificar o rumo das coisas: ficar neutro e não se identificar com os problemas, principalmente aqueles que não dizem respeito a si. Por outro lado, indisposição, isolamento, bloqueios emocionais e neutralidade.

CAPÍTULO 6
A cor da roupa

O impacto visual é um fator importante no contato de um indivíduo com os outros. A primeira impressão é marcante. A roupa que vestimos é o principal recurso de apresentação. O tecido reflete as cores, provocando um estímulo visual nas pessoas ao redor, sugerindo um estado emocional apropriado à tonalidade usada.

Além da influência sobre os outros, a roupa exerce a mesma sensação sobre a própria pessoa que a está usando. Ao longo do dia, frequentemente, nos olhamos e nos identificamos com a cor usada. Ainda que não fiquemos pensando nela, vamos sendo seduzidos inconscientemente pelas suas propriedades, obtendo os benefícios psicoemocionais que elas transmitem. Portanto, as roupas coloridas influenciam primeiramente aqueles que estão em volta e com o passar do dia, quem a está usando também vai sendo seduzido ao estado condizente à cor que está vestindo.

A opção pela cor da roupa é feita geralmente pela manhã quando nos preparamos para o dia. O estado de humor matinal exerce grande influência sobre a escolha das cores que vão nos acompanhar durante todo o dia.

Quando levantamos dispostos, bem-humorados ou descontraídos, facilmente nos sentiremos atraídos pelas roupas de cores quentes ou de tons fortes. Se estivermos calmos, tranquilos ou serenos, provavelmente escolheremos cores frias ou as tonalidades suaves; já, se nos encontrarmos confiantes, discretos ou com pouca disposição para interagir com os outros, a escolha será pelas cores escuras ou tonalidades neutras.

Os impulsos matinais de atração por uma peça de roupa numa determinada cor ou tonalidade representam um importante fator de conscientização do nosso estado interior. Caso a cor ou o tom escolhido seja compatível com o propósito daquele dia, excelente; estamos nos sentindo de acordo com a dinâmica da ocasião.

Num dia em que as atividades serão intensas, a escolha de roupas de cores vivas e estimulantes, demonstram que estamos dispostos a atuar com intensidade. Por outro lado, essa pronta disposição para agir mostra que já temos a motivação necessária. Nesse caso recomenda-se não acentuar ainda mais esse estado, colocando cores muito fortes, pois, ao longo do dia elas podem levar à saturação e promover um esgotamento maior do que o cansaço das atividades. Convém usar o bom senso e vestir nesses dias cores suaves para estender a disposição durante o dia todo.

No entanto, quando o dia for de muitas tarefas e nos encontramos indispostos ou desmotivados, levando-nos a optar prontamente por cores suaves ou escuras, convém aplicar os conhecimentos das propriedades das cores e vestir tons fortes para nos estimular a dar conta dos afazeres.

O mesmo se aplica aos dias tranquilos que exigem pouco empenho, a imediata opção por tons fortes indica que estamos agitados e isso não favorecerá a morosidade que o dia pede. Nesses momentos, convém vestir os tons suaves que são compatíveis ao pouco empenho exigido naquela ocasião. Porém, ao acordarmos indispostos e sonolentos nos dias que serão de poucas atividades, convém usar roupas coloridas para sugerir certa animosidade, evitando o desânimo e desmotivação para fazer o mínimo necessário para a ocasião.

Nem sempre acordamos dispostos e animados para o empenho exigido ao longo do dia. Nesse caso, as cores são importantes recursos para regular os quadros emocionais, transformando uma condição indesejável em estados agradáveis e compatíveis às atividades a serem desempenhadas.

Os estados emocionais poderão ser alterados com roupas coloridas. Quando estamos tristes ou angustiados, devemos vestir cores vibrantes e alegres, como o amarelo, laranja e outros. No mau humor, devemos usar cores que sugerem elevação e introspecção, como azul, índigo ou violeta. Quando estamos indispostos, devemos vestir roupas estimulantes, como o vermelho, vinho, amarelo e laranja.

Influências das roupas coloridas

As cores têm uma linguagem própria e se comunicam visualmente com o nosso íntimo, por meio das sensações. Conhecer as influências emocionais que as cores das roupas exercem sobre os outros e sobre nós mesmos, favorece o nosso desempenho no grupo e ajuda a obter qualidade de vida e bem-estar, durante o período em que estivermos vestindo a roupa colorida.

As tonalidades fortes e vivas das cores realçam as suas propriedades; já se elas forem suaves ou claras, as suas características são brandas, tornando-as joviais e envolventes. Em se tratando das tonalidades escuras, elas sugerem discrição, neutralidade e aparente indiferença em relação aos afazeres e aos outros. Roupas claras ou tonalidades suaves transmitem sensações de leveza e de delicadeza. Elas favorecem a interação com o grupo e a aproximação com as pessoas, de maneira agradável e amistosa.

Roupa branca

Suavidade e leveza

Ao usarmos roupas brancas, a luminosidade que incide sobre nós é refletida. A maior parte dos raios luminosos, seja do sol ou da claridade do ambiente, não fica retido no tecido, é expelido, evitando que os raios de calor contidos na luz aqueçam o tecido. Por isso, roupas brancas ou claras são indicadas para os dias quentes e ensolarados.

O branco sugere leveza, suavidade, transparência e sinceridade. Vestir roupas dessa cor nos deixa mais soltos, agradáveis e serenos nos relacionamentos. Elas ajudam a promover a paz e a harmonia entre as pessoas. São indicadas para as ocasiões tensas e tumultuadas.

Roupa preta

Discrição e isolamento

A cor preta retém os raios luminosos incididos sobre ela. A luminosidade é absorvida e neutralizada no tecido escuro, pois não há reflexão. Nos dias ensolarados, a roupa fica levemente aquecida.

Em virtude da ausência de reflexão dos raios luminosos, roupas no tom preto suavizam os traços excessivos do corpo, proporcionando um bom caimento para as pessoas que estão acima do peso ou com a silhueta mais avantajada. Essa cor é elegante e sofisticada, indicada para ocasiões sociais, festas e para a noite.

O requinte das roupas pretas torna-as indicadas para as altas esferas da sociedade e nos momentos de visibilidade pública. Transmitem certo ar de imponência da pessoa que veste, é como se ela fosse inacessível, podendo ocasionar distância e isolamento dos outros. Por outro lado impõe respeito, acentuando a posição social e o *status*.

Não é aconselhável usar roupas escuras para explanar algum assunto ou dar aulas, pois a sugestão da vestimenta não é compatível com o propósito de interagir com os outros, dificultando a comunicação e o relacionamento. Também deve ser evitada pelas pessoas com baixa autoestima, tristes e deprimidas.

Roupa marrom

Segurança e maturidade

O marrom é uma cor de moderada estimulação. É sóbria e associa-se à terra. Sugere firmeza, segurança, maturidade emocional e firmeza de propósito. O uso de roupas nessa cor sugere mais idade do que a pessoa tem.

Essa cor associa-se à objetividade e clareza, sendo recomendada para as ocasiões de trabalho e de negócios, em que serão exigidas expressões maduras para o exercício da profissão. Também cabe nos encontros com clientes, em que é necessário mostrar-se seguro durante o diálogo e na exposição do produto ou na proposta de serviços.

Roupas nessa cor não são recomendadas para os encontros amorosos. O marrom relaciona-se à razão e não às emoções. Em se tratando da vida afetiva, essa não é uma cor que favorece a expressão dos sentimentos.

Roupa cinza

Discrição e neutralidade

O cinza é uma cor de baixa estimulação, que sugere discrição e neutralidade nas pessoas que vestem os tons de cinza. Quanto mais escuro, mais acentuadas essas propriedades; os tons claros tornam amenas essas condições da cor.

É indicado para os momentos em que precisamos participar de alguma situação, mas preferimos ficar neutros, sem ser notados, não queremos assumir posições ou partidarismo.

Diante das indecisões ou quando nos sentimos tímidos para participar dos eventos, somos propensos a escolher roupa cinza.

Essa cor é desaconselhada nos momentos de tédio, tristeza e desânimo. Ela acentua as incertezas, dificultando a tomada de decisão.

Roupa vermelha

Vigor e vitalidade

Essa cor sugere entusiasmo, motivação e animosidade. Roupas vermelhas são estimulantes, induzem às atividades, sugerem agilidade, dinamismo e favorecem a mobilidade corporal. A pessoa que as veste não passa despercebida diante dos outros; provoca evidência e notoriedade.

O vermelho é uma cor que atrai os homens, tornando as mulheres que o vestem sedutoras, os olhares masculinos voltam-se para quem veste essa cor.

É ideal para a prática de quaisquer modalidades esportivas, pois acentua a disposição e dá mais energia. Quem precisa enfrentar exaustivas atividades, nada melhor do que iniciá-las vestindo roupas com essas tonalidades.

O vermelho é indicado para pessoas indispostas, desmotivadas, ou que precisam de vigor e de disposição. Já aquelas que se cansam facilmente devem evitar o uso dessa cor, visto que ela acelera os processos, levando ao esgotamento mais rapidamente.

Roupa rosa

Ternura e afetividade

A cor rosa é uma tonalidade do vermelho. Ela sugere afetividade, ternura e contribui de maneira favorável para os relacionamentos. Usar roupas em tons de rosa é recomendado para promover envolvimentos afetivos, contribuindo para o clima amoroso do casal. Ajuda a romper as barreiras do sentimento e a aproximar as pessoas, tornando-as sensíveis ao afeto e ternas para com os outros.

É considerada uma cor feminina, exerce maior poder de sedução sobre as mulheres. Quando o homem a veste, ele se torna mais atraente.

Nos momentos em que o propósito do evento é afetuoso, os tons de rosa nas roupas cria uma atmosfera envolvente, tornando fraterna a relação entre as pessoas que compartilham daquele momento.

Roupas vinho ou bordô

Refinamento e sofisticação

As cores vinho e bordô são nuances do vermelho misturadas com o azul. O tom da cor vinho é mais avermelhado; o bordô também é conhecido como a cor do vinho tinto, sendo um pouco mais escuro ou puxando para o tom do azul.

Trata-se de cores mais refinadas, que combinam com ocasiões mais requintadas, cuja apresentação precisa ser mais formal. O uso de um desses tons mantém a sofisticação, sem perder o destaque e a boa visibilidade perante o grupo. Proporciona dinamismo e ousadia, com certo refinamento; evita os excessos e a extravagância no modo de agir. Favorece a conduta respeitosa, sem perder a espontaneidade e a boa desenvoltura perante os outros.

Roupa laranja

Coragem e ousadia

Essa cor sugere dinamismo para quem a veste, tornando-o proativo. Proporciona descontração e libera a expressão verbal e a movimentação corporal. Deixa a pessoa mais arrojada e destemida; dá vazão aos impulsos, induzindo às ações ousadas. Eleva a autoestima, desperta o otimismo e é antidepressiva. Eleva o astral de quem a usa e inspira os outros a dialogarem, intensificando o dinamismo de todos os integrantes do grupo.

Promove a inquietação mental e física. A pessoa que a veste não consegue ficar parada por muito tempo, ela se põe a fazer algo para quebrar a rotina e para modificar o clima do ambiente, saindo da morosidade e da prostração.

Indicada para os momentos em que os acontecimentos indesejados tomam conta do ambiente, exigindo determinação e ousadia para lidar com os eventos ruins. O uso de roupa laranja sugere que a pessoa deixe de ser omissa e assuma posições claras diante dos outros, tornando-se ousada e sem medo de falar o que pensa e de fazer o que lhe cabe.

Roupas laranja despertam o bom humor e inspiram ao desapego das situações passadas ou dos bens materiais. Razão pela qual alguns monges e os hare krishnas usam no vestuário, demonstrando que eles renunciaram a família, o país de origem ou quaisquer atividades anteriores, para se dedicar exclusivamente à religião.

Essa cor desperta o magnetismo pessoal, tornando-se levemente sensual. Por outro, ela não inspira o envolvimento afetivo entre as pessoas. É mais fácil promover discussões e relações fraternas e sinceras do que criar um clima amoroso entre o casal. Esse tom de roupa também é desaconselhado para quem precisa manter autoridade e voz de comando. Apesar de ser uma cor que sugere boa desenvoltura, não ajuda a mobilizar os outros para o seu propósito, portanto, não ajuda a exercer a liderança no grupo.

Roupa amarela

Jovialidade e alegria

O amarelo é a cor da comunicação, ele cria uma atmosfera propícia para dialogar. Quem veste essa cor consegue ser notado e admirado no grupo. Sua participação conquista notoriedade perante os outros; tanto pela cor que é vistosa e destaca quem veste, quanto pela maneira descontraída de se comunicar, por influência e estímulo da própria cor sobre quem está usando, tornando-o mais solto na expressão verbal.

Favorece a comunicação, permitindo tratar o assunto com leveza, mesmo temas mais delicados, a pessoa não cria polêmica. Ela fala de maneira geral e sem entrar no mérito da questão, evitando discussões. Consegue brincar com situações conflituosas, sem ser pejorativa ou provocar intrigas. Tudo flui naturalmente entre os componentes do seu grupo. Não há discórdia, prevalece a alegria e bom humor durante os encontros.

Vestir roupas nessa cor demonstra interesse pelo assunto que desenvolvemos, sugere estarmos bem informados. Por outro lado elas não transmitem confiabilidade e não ajudam a conquistar o respeito e a confiança.

Apesar de favorecer as boas relações entre o grupo, o amarelo não é uma cor que transmite companheirismo. Também não inspira a determinação por um propósito, tampouco a fidelidade a um determinado ponto de vista. Existe uma expressão popular que acentua essa característica da cor, costuma-se dizer do alguém que não foi empenhado o suficiente que ele "amarelou". É como se a pessoa viesse acompanhando o desenrolar dos fatos, mas na hora de assumir um posicionamento e preservar um conceito, ela negligenciasse as suas próprias escolhas, decepcionando aqueles que contavam com a participação dela.

Deve-se evitar o uso de roupas amarelas quando precisamos conquistar o respeito e a confiança; bem como na explanação de um projeto, entrevista de emprego e outros.

Roupa verde

Equilíbrio e bom senso

No espectro da luz o verde é a cor média, ele sugere equilíbrio, ponderação e bom senso; esses são atributos de quem opta por vestir essa cor. Sua presença é agradável. Não há necessidade de extrapolar para chamar a atenção dos outros, agrada naturalmente, sendo do seu jeito.

Roupas verdes realçam as condutas ponderadas e mediadoras perante o grupo. Sugerem comedimento na hora de agir, evitando os excessos e as ações extremistas. Promovem as condutas conciliadoras, tornando a pessoa amistosa para lidar com as adversidades. A pessoa evita tomar partido na situação e a agir por impulso.

Essa cor é recomendada para os momentos em que é necessário precisão nas atividades e imparcialidade frente aos problemas exteriores. Também quando se trata de permanecer em ambientes tensos e barulhentos. Vestir essa cor evita desgastes excessivos promovidos pela agitação demasiada do ambiente.

O verde é considerado a cor do sucesso e da prosperidade: é favorável para atrair oportunidades de negócios. Mais do que vestir tons de verde é preciso entrar na energia da cor para ter sorte e atrair resultados promissores.

É desaconselhado o uso dessa cor para os momentos em que se espera um posicionamento específico. Nos momentos de decisão essa não é a cor mais apropriada para vestir.

Roupa azul

Calmante e relaxante

Usar roupas nos tons de azul transmite calma e serenidade para lidar com as adversidades cotidianas. Cria uma atmosfera de paciência e tolerância, que promove harmonia nas relações evitando os conflitos. Sob a influência dessa cor torna-se possível estabelecer diálogos amistosos e saudáveis, possibilitando a aproximação entre as pessoas, tantos daquelas que já conhecemos quanto dos novos contatos. Fortalece os laços fraternos e cria um clima de amizade e de companheirismo, favorecendo a convivência harmoniosa e feliz.

É uma cor apropriada para os eventos sociais ou para encontros com os amigos, sugerindo acolhimento e confiabilidade e promovendo conforto e bem-estar. Induz ao relaxamento e à paz interior e à paz no ambiente.

Quando usada no aconchego do lar, favorece a sensação de conforto e serenidade. Induz ao repouso, promovendo sono tranquilo, sendo indicada para roupas de dormir.

A influência das roupas azuis é mais voltada à receptividade, inspirando acolhimento. Não é a melhor cor para transmitir conteúdos e informações. É desaconselhada para os momentos em que precisamos nos tornar formadores de opiniões ou ter voz ativa perante o grupo. Ao vestir essa cor, não transmitimos visualmente autoridade, liderança e controle sobre o assunto ou no ambiente. Também não é apropriada para prática de esporte e para fazer exercícios físicos.

Essas propriedades são do azul claro. Em se tratando dos tons fortes da cor, o índigo ou marinho, consulte as propriedades apresentadas a seguir.

Roupa índigo ou marinho

Consciência e introspecção

Os tons índigo e marinho são matizes do azul. A pequena variação de nuance está na sua composição: o índigo é composto do azul misturado com o vermelho e o marinho contém o preto misturado ao azul.

Trata-se de tons mais fortes do azul, tornando-se a pessoa mais persuasiva e impactante sobre os outros. Diferentemente do azul suave, o índigo e o marinho contribuem para formar opinião nos ouvintes, sendo recomendados para os comunicadores vestirem durante a comunicação e exposição do tema.

Inspiram conhecimento de causa e domínio sobre os assuntos abordados. Quem os veste é induzido ao estado de introspecção e de consciência que promove a sabedoria, transmitindo aos outros a sensação de que a pessoa domina o assunto abordado e possui profundo conhecimento sobre o que fala.

São cores adequadas para a festa e outros eventos sociais. Sugerem envolvimento com certa distância, favorecendo a expressão harmoniosa e agradável. Preserva a posição de destaque, contribuindo para a exposição perante o grupo.

Tanto quem veste quanto os outros que estão em volta são tomados por certo ar de seriedade e reflexão mais apurada sobre os assuntos. Os diálogos inclinam-se para maior profundidade sobre os temas tratados pelo grupo. São cores de roupas indicadas para quem quer fazer a diferença perante os outros, pela quantidade de informações e seriedade com que trata o tema da conversa. Roupas nessas cores são recomendadas para dar aulas ou para expor conhecimentos. Elas transmitem a sensação de que a pessoa que as veste sabe do que está falando.

Roupa violeta

Poder e autoridade

Sugere requinte e sofisticação; transmite sensações de poder e de domínio sobre as situações do ambiente. Trata-se de uma cor de autoridade, cujo impacto visual se torna persuasivo, ajudando a convencer de que os conceitos empregados nas questões são coerentes e adequados, contribuindo para sanar as dificuldades do meio ou das pessoas envolvidas nas questões embaraçosas.

Roupas violetas diferenciam a pessoa que as veste das demais, colocando-a numa condição de notoriedade, cuja presença não passa despercebida. São indicadas para eventos sociais ou festas glamorosas, sendo usadas por aqueles que desejam fazer jus ao ambiente, colocando-se numa posição de destaque no grupo.

Não são recomendadas para as ocasiões informais e eventos descontraídos, tais como festas infantis, encontros com os amigos e outros.

Roupa lilás

Criatividade apurada

Certos tons de lilás assemelham-se à cor rosa, mas são distintos. Roupa lilás favorece o desempenho no ambiente. Cria condições propícias para as atividades mentais mais apuradas; tais como a criatividade com rigor e as ideias inovadoras, que contribuem para a implantação de novos conceitos e outras possibilidades de realizar as tarefas do meio.

Roupas lilases são indicadas para os momentos em que a pessoa precisa se destacar e ter bom desempenho perante um grupo. Durante as dinâmicas de grupo e outros eventos que exigem refinamento e boa performance, para fazer a diferença perante os demais integrantes da equipe.

Cores para cada ocasião

A questão central desse tópico é saber qual a melhor cor para ser usada em determinadas ocasiões.

Primeiramente deve-se levar em consideração a disponibilidade do guarda-roupa, quais as cores que estão disponíveis no estilo apropriado para o evento. Em seguida, verificar o seu caimento e como combinar com as demais peças e com o calçado.

Devemos levar em consideração as cores prediletas, pois vestir as cores de que gostamos proporciona sensação de bem-estar e eleva a autoestima, favorecendo boa desenvoltura e animosidade. Mais do que a roupa que vestimos são os nossos sentimentos e os estados de humor que vão determinar nosso êxito. Isso sobrepõe a influência das cores das roupas. Inicialmente, as cores que vestimos sugerem algo a nosso respeito segundo suas propriedades. Mas, tão logo nos manifestamos, expomos os nossos conteúdos e eles são determinantes.

Podemos nos apresentar com cores comunicativas como o amarelo, mas quando vamos falar ficamos tímidos e sem jeito. Por outro lado, podemos vestir cores que sugerem isolamento e neutralidade, tais como o preto ou o cinza, mas quando começamos a falar expressamos nosso contentamento e disposição em participar daquela ocasião.

As roupas não sobrepõem as nossas qualidades. Os nossos potenciais são predominantes nos eventos e nos relacionamentos. Mais importante do que as vestes, são os nossos sentimentos ou como estamos interiormente.

As cores das roupas podem também ser usadas para promover certos estados emocionais que estão ausentes naquele momento.

Se estivermos indispostos e precisamos de boa desenvoltura, convém escolher roupas de cores estimulantes, tais como o vermelho ou amarelo. Por outro lado, quando estamos muito agitados e nervosos, é viável usar cores equilibradoras e calmantes, como o verde e o azul.

A primeira cor que chama a nossa atenção logo pela manhã pode revelar o estado emocional para aquele dia. Essa é uma forma prática de avaliar os nossos sentimentos. Caso eles não sejam apropriados para as atividades agendadas, podemos promover outras condições mais oportunas nessas ocasiões. Se escolhemos cores fortes e estimulantes, revelamos elevado dinamismo. Caso os eventos do dia sejam brandos e exijam muita paciência, esse estado não é propício. Portanto, devemos minimizá-los, usando cores suaves e leves, como as cores claras.

Nos dias agitados, se formos atraídos pelas cores neutras, convém mudar essa condição interna, usando cores mais arrojadas, estimulantes e intensas. Esse contraste favorecerá alcançar as condições interiores propícias aos compromissos daquele dia.

Escolher a roupa para vestir logo cedo, ao se levantar, é a melhor maneira de identificar as nossas condições internas. Caso não seja possível pela manhã, quanto mais próximo da ocasião, como na noite anterior, melhor para perceber os sentimentos que emergem para o evento agendado. Caso a escolha tenha que ser feita com muita antecedência, não podemos contar com esse recurso para descobrir os nossos reais sentimentos para a ocasião.

Quando demoramos para escolher a roupa que vamos vestir ou ficamos indecisos, esse comportamento demonstra falta de clareza nos nossos objetivos, incertezas, inseguranças ou falta de autorreferência emocional. Melhor dizendo, não estamos centrados em nós mesmos. Essa identificação do estado emocional, logo no começo do dia, favorece a mudança interior. Podemos começar com a escolha de cores adequadas, elas nos induzem aos sentimentos condizentes aos nossos propósitos, segundo as propriedades apresentadas a seguir.

Por onde começamos a nos vestir

Os nossos hábitos de nos vestir revelam algumas outras características interiores. A primeira peça de roupa que escolhemos, a partir da qual combinamos as demais peças e acessórios do vestuário, revela o que priorizamos na vida ou nos eventos em questão. O mesmo não se aplica às peças íntimas, essas são as primeiras em virtude da sua disposição no corpo, por isso elas não fazem parte da análise a seguir.

Quando a escolha da roupa começa pela parte de cima do corpo, camisa, camiseta e outras peças, representa que as nossas prioridades são os sentimentos e a ação no meio. Vestir-nos para uma ocasião de que gostamos e fazemos com gosto, nos leva a pegar uma peça da parte de cima do corpo e, a partir dela, compomos o nosso visual.

Já a escolha inicial da calça, saia e outras peças da parte de baixo do corpo, revela propensão à estabilidade e segurança, ou ainda ao prazer e à satisfação. Um evento que poderá resultar em negócios ou dizem respeito à nossa carreira despertará a vontade de usar uma determinada calça ou saia. Vestir-se para sair com os amigos e ou participar de ocasiões extremamente prazerosas facilmente despertará a vontade de vestir um shorts ou alguma peça da parte de baixo do corpo, que modele a cintura e os contornos da silhueta.

A pronta escolha por calçados revela um foco em situações que promovam bases seguras de vida e condições estáveis, inclusive socioeconômicas. Sair para ocasiões que poderão render bom faturamento ou garantir nossa estabilidade, poderá despertar a vontade de usar determinado calçado. Geralmente é a partir dos pés que compomos o nosso traje para essas ocasiões.

Compras exageradas de roupas ou sapatos

As pessoas que querem ter muitas camisas ou compram grande quantidade de camisas, camisetas ou peças da parte de cima do corpo, estão buscando mais afeto, relacionamentos amorosos ou possibilidades de fazer o que gostam.

O desejo acentuado de obter ou comprar muitas calças, saias, shorts e outros, demonstra anseios de estabilidade econômica, conforto e boas condições de vida.

Comprar sapatos exageradamente demonstra necessidade de apoio emocional, de estabilidade nas relações afetivas ou familiares; e ainda a busca de condições financeiras. A descompensação por calçados que leva a pessoa a comprar com exagero, ocorre em virtude das carências afetivas. Elas necessitam de aprovação dos outros e não recebem. Sentem-se incompreendidas e costumam se isolar ou deprimir-se. As compras de calçados tornam-se movimentos de fuga ou negação do seu estado emocional. Esse gesto enche a sapateira da sua casa, mas não preenche o seu vazio interior.

Cores de roupas para festas

Para as **festas sociais** as cores sugeridas, com base nas propriedades das cores são o índigo ou o azul-marinho. São cores sóbrias que sugerem conduta formal e acolhedora, deixam a pessoa com aparência sociável, favorecendo estabelecer relações amistosas e agradáveis; também o preto é recomendado, pois ele é elegante, dá um aspecto de seriedade e de distanciamento, proporciona a quem veste uma sensação de posicionamento em si mesmo, favorecendo sentir-se mais seguro e confiante perante os outros.

Nas **festas descontraídas e informais** usar cores estimulantes como o amarelo, sugere jovialidade, alegria e cria um clima festivo, comunicativo, contribuindo para a integração com o grupo de amigos. Os tons fortes de qualquer cor realçam a presença de quem veste, colocando-o em evidência perante os outros. Já os tons claros criam uma interação agradável e de igualdade com as pessoas. Eles transmitem um aspecto condizente ao diálogo aberto e harmonioso, contribuindo para a diversão com igualdade. Vestir cores claras nessas ocasiões transmitem leveza e suavidade, favorecendo a aproximação dos outros, de maneira amistosa, tornando a pessoa naturalmente mais próxima aos integrantes da festa.

Para as **baladas jovens** aplicam-se os mesmos conceitos de cores para festas descontraídas e informais, que foram descritas no parágrafo anterior. Além das sugestões baseadas nas funções das cores apresentadas anteriormente, vale considerar um aspecto sobre vestir roupas vermelhas.

    A cor vermelha intensa na roupa realça a presença de quem veste. É bom para quando a pessoa for entrar sozinha num local e desejar atrair as atenções para si, com o propósito de ter uma companhia durante o evento. Por outro lado, com o passar do tempo, as roupas vermelhas saturam quem está diante daquele que veste essa cor. É como se o assunto da pessoa, após longo período de conversa, ficasse cansativo e até desagradável. Por isso, deve-se evitar o uso dessa cor para sair com os amigos.

Roupas para sair com os amigos

    As cores claras são apropriadas para sair em grupo, elas não destacam quem veste, favorece o diálogo, tornando a conversa agradável e informal.

Os tons claros de qualquer cor são de aparência leve e descontraída, possibilitando a participação amistosa no grupo de amigos. Já as tonalidades fortes das cores realçam a pessoa perante o grupo. Esse destaque pode ser viável para algumas ocasiões, porém, podem levar ao desconforto na convivência. O vermelho, por exemplo, é a cor que mais oferece destaque para quem veste, no entanto depois de horas dialogando com os amigos, os estímulos visuais podem causar saturação, tornando a permanência desconfortável, conforme descrito anteriormente.

A cor preta é muito usada, principalmente pelos jovens. Ela sugere discrição e distanciamento emocional. Sugere comportamentos moderados, evitando exageros na expressão. O acanhamento e a timidez levam as pessoas a optarem por essas roupas; vestindo o preto elas sentem-se mais confortáveis e seguras.

Roupas para o trabalho

Dependendo do tipo de atividade profissional, as propriedades de certas cores são mais apropriadas que outras. Neste tópico serão apresentadas algumas propriedades de cores para ajudar na escolha de roupas para trabalhar. Sabendo das necessidades do cargo ou do desempenho no serviço e perante os colegas e os clientes, pode-se eleger as melhores cores para serem usadas.

Os tons de azuis sugerem acolhimento e favorece a integração com a equipe. Quando mais escuros, o azul promove certo destaque e ajuda a impor limites e coordenar as atividades. O violeta é uma cor de destaque no grupo e sugere autoridade, ajudando a impor respeito e liderança. Tons de verde proporcionam equilíbrio, espírito de colaboração e de participação nos eventos, mantendo a posição de igualdade perante os outros.

Cores escuras e o preto isolam a pessoa, dificultando a sua exposição no ambiente. Não são apropriadas para a integração da equipe. Por outro lado, certas funções em que os funcionários precisam de discrição e não podem se destacar, como os maîtres e garçons, as roupas pretas são apropriadas.

Cores vibrantes e estimulantes como o vermelho, o laranja e o amarelo são comunicativas, destacam quem veste e tornam dinâmica a sua participação no grupo. O vermelho é marcante e põe a pessoa numa posição de destaque, não para liderar, mas sim para ser vista. O laranja é arrojado e colabora para a boa desenvoltura no ambiente e na comunicação. O amarelo passa a impressão amigável, alegre e jovial, tornando a pessoa agradável para conversar, mas não ajuda a convencer o cliente e a formar opinião a respeito da aquisição dos produtos ofertados pela empresa.

O branco e os tons claros são agradáveis, leves e deixam a pessoa aberta ao diálogo, não causam constrangimento nos outros, tornando-a solícita e de fácil acesso para informações e esclarecimentos.

O marrom realça a maturidade e transmite firmeza nas colocações. O cinza transmite neutralidade e indiferença, sendo apropriado para as funções de inspeção e de fiscalização.

Roupas para procurar emprego

Como vestir-se para uma entrevista de trabalho ou dinâmicas de grupo com o objetivo de seleção de candidatos?

A cor índigo ou marinho sugerem conhecimento de causa e proatividade. São tonalidades agradáveis e ao mesmo tempo sugestivas e persuasivas, contribuem para formar opiniões.

O marrom é uma cor forte e intensa, ela sugere maturidade e segurança, realça a presença do candidato, tornando-o mais firme e posicionado na hora de se pronunciar durante a entrevista. Para amenizar essa influência, sugere-se o bege que traz a sugestão do marrom, porém com certa suavidade.

Tons claros de cores variadas também são recomendados, pois eles sugerem harmonia, são agradáveis aos olhos de quem está à frente. Apesar de não serem impactantes e influentes, têm a vantagem de serem agradáveis. A conquista de oportunidades poderia vir por esses fatores.

Cores muito fortes e estimulantes, como o vermelho e outras cores quentes, são ousadas e impactantes; elas tanto podem ajudar na hora da entrevista, promovendo destaque do candidato, quanto causar desconforto no entrevistador, caso ele não goste da cor usada ou a função da vaga não seja compatível com a sugestão estimuladora dessas cores. Por isso, é melhor evitar os tons fortes ou intensos.

Cores muito escuras também são desaconselhadas, pois elas sugerem certa indiferença e isolamento por parte de quem veste. Esses estados não são apropriados para quem está pleiteando uma vaga de emprego.

Cores para o *réveillon*

Na festa de *réveillon*, o branco é a cor mais usada para celebrar esse momento da passagem do ano. Para quem quer sair do convencional e usar cores cujas propriedades sejam condizentes com as metas e os objetivos estabelecidos para o ano-novo, seguem várias sugestões que vão ajudar o leitor a escolher a melhor cor para a virada.

Vale lembrar que cada ano é regido por uma determinada cor. Segundo a cromoterapia, a cor relaciona-se com as vibrações do novo ciclo e influencia algumas ocorrências que poderão surgir individual ou coletivamente. Trata-se de propensões ou tendências favoráveis às soluções ou mesmo aos desafios a serem enfrentados.

A cor do ano ajudará a reforçar os conteúdos positivos e trará benefícios para superar as adversidades que poderão surgir.

Entrar o ano vestindo a cor regente possibilita estabelecer as conexões com a energia relacionada ao novo ciclo. Essa é uma boa sugestão na hora de escolher aquela cor que será usada na hora da virada. No entanto, existem as propriedades das demais, que poderão atender aos propósitos individuais para essa nova etapa da vida.

Na hora da passagem do ano é importante observar o que se está vestindo, para acentuar os efeitos cromáticos. Além da contemplação visual, seja por meio de uma peça, seja por uma bijuteria ou por algum detalhe no próprio corpo, pode-se visualizar a cor, mesmo sem usá-la no corpo, por meio da projeção mental; desse modo os seus benefícios também serão obtidos.

Para reforçar as propriedades das cores durante a virada, sugere-se repetir mentalmente ou mesmo verbalizar palavras que fortalecem as emoções e criam campos de energias positivas. E ainda, decretar frases que reforçam as novas atitudes relacionadas às respectivas cores. Esses procedimentos deverão ser repetidos no mínimo três vezes. Também poderá vestir uma cor e verbalizar ou decretar outra, ampliando os benefícios e trazendo mais força e poder durante o ano que se inicia.

Vermelho – Usar detalhes dessa cor durante a virada induz a ação e a prática efetiva dos objetivos para o ano seguinte. Contribui para transformar os planos em ações, realizando os desejos e as vontades. Desperta a eficiência e a praticidade para lidar com as questões difíceis do cotidiano. **Decreto da virada com o vermelho**: Eu quero, eu posso e eu faço! **Palavra de força:** motivação.

Laranja – Vestir o laranja sugere ousadia e espírito aventureiro, contribuindo para as mudanças e inovações. Ele ajuda a pessoa a ser destemida e ousada para seguir em frente e explorar outros campos da vida. É ideal para as fases de transição profissional ou da vida afetiva, tais como mudança de emprego, assumir novos relacionamentos ou romper laços com pessoas que atrapalham a sua felicidade. **Decreto da virada com o laranja**: A coragem me levará ao sucesso! **Palavra de força**: coragem

Amarelo - Passar a virada de amarelo potencializa os benefícios dessa cor durante o próximo ano, acentuando a alegria e a descontração, ascendendo à lucidez e à versatilidade mental, a clareza de raciocínio e o melhor entendimento das ocorrências do cotidiano. Favorece a disposição para acatar as ocorrências e lidar com as adversidades, com bom humor e descontração. Atrai novas oportunidades e trabalha a favor da riqueza e da fartura. **Decreto da virada com o amarelo**: Escolho viver com alegria e bom humor! **Palavra de força**: alegria.

Verde – Entrar o ano de verde sugere ponderação e bom senso. Essa cor ajudará a evitar os extremos, reduzirá os exageros e minimizará o estresse durante a realização das atividades. É uma escolha pelas funções naturais, tanto pelo respeito pelos próprios limites, quanto pelo fluxo natural dos acontecimentos, sem "forçar a barra", querendo abreviar a todo custo o andamento dos processos. O verde também favorece o restabelecimento da saúde, por isso quando o objetivo for o de vencer algum processo de doença, essa cor é importante na virada. **Decreto da virada com o verde:** nada de fora me tira do eixo ou prejudica a minha saúde. **Palavras de força:** saúde e equilíbrio.

Azul - Usar roupas nos tons azuis promove confiança em si e fé nos processos existenciais. Promove também condições favoráveis à tranquilidade e à serenidade. É ideal para quem busca a paz e a harmonia na convivência, seja em família, seja nos grupos sociais. **Decreto da virada com o azul:** Eu confio em mim, sou bom o bastante e o universo é meu aliado. Uno as minhas forças com quem me apoia. Juntos venceremos. **Palavra de força:** fé.

Índigo – Entrar com esse tom mais forte do azul, anil, índigo ou marinho intensificam a disposição em querer saber tudo o que se passa ao redor, que as verdades venham à tona, deixando de lado os melindres e a hipocrisia. Firmar o propósito de que os segredos sejam revelados, para que a consciência tome conta dos processos e direcione as novas decisões, com conhecimento de causa para agir com coerência e justiça. **Decreto da virada com o índigo:** Que venha a verdade, ela me tornará consciente e livre. **Palavras de força**: consciência e liberdade.

Violeta – Começar o ano com essa cor representa firmar o propósito de exercer o controle dos acontecimentos, dominar as situações existenciais e ter maior domínio sobre certas áreas da vida. Tomar as rédeas dos eventos cotidianos para que nada fuja aos seus planos. Assumir a sua função e não deixar que os outros interfiram naquilo que diz respeito a si próprio. **Decreto da virada com o violeta**: Eu tenho poder sobre tudo o que me proponho fazer. **Palavras de força:** poder e elevação.

Lilás – Vestir essa cor na virada desperta a criatividade mais apurada e a visualização de novos rumos, bem como a realização de projetos inovadores. **Decreto da virada com o lilás**: Eu sou único e o universo é meu aliado e fonte de criações exclusivas. **Palavra de força**: inspiração.

Rosa – Começar o ano de rosa desperta o afeto e contribui para a felicidade amorosa. Trata-se da cor apropriada para a entrada do ano de quem objetiva ser feliz no amor, seja com novos parceiros, seja com quem se relaciona atualmente. A influência do rosa potencializa a ternura e a afetividade, melhorando a expressão dos sentimentos, consequentemente atrairá as condições apropriadas para o amor. **Decreto da virada com o rosa:** Eu mereço ser feliz ao lado de uma pessoa especial. **Palavra de força:** amor.

Marrom - Entrar o ano de marrom proporciona maturidade e firmeza para superar as adversidades. Essa cor desperta a seriedade, a responsabilidade e ajuda a estabilizar as emoções. Trata-se de uma escolha que favorece o confronto e não a fuga ou a negação dos eventos difíceis. **Decreto da virada com o marrom:** Sou seguro e capaz de superar as dificuldades. **Palavra de força:** segurança.

Preto - Vestir preto no *réveillon* não é comum. Para os cromoterapeutas radicais seria algo extremamente negativo, visto que a cromoterapia se baseia na energia da cor sobre a aura. No entanto, vestir uma roupa preta não tem essa finalidade energética. Ela influenciará aqueles que estão ao redor e a quem veste, transmitindo aspecto de neutralidade, de distanciamento e uma sensação de que existe uma barreira na interação com as situações ou as pessoas ao redor. Usar essa cor na virada pode estar associado à vontade de ficar consigo mesmo, sem precisar interagir ou se expor perante os outros.

Decreto da virada com o preto: Eu sou o meu melhor aliado e não preciso agradar os outros. **Palavra de força:** discrição.

Cinza - Entrar o ano de cinza acentua o estado de indiferença. Pode ajudar a permanecer numa situação desagradável, porém inevitável, com resignação e paciência. Quando o novo ciclo exige tolerância para não tomar medidas radicais que perturbem a estrutura do ambiente, detalhes de cinza podem ajudar a manter-se na condição, minimizando os abalos emocionais e os incômodos do cotidiano. **Decreto da virada com o cinza:** Eu aceito a situação que não posso mudar, sem me agredir. **Palavra de força:** indiferença.

Branco - Vestir branco no *réveillon* representa o propósito de se despojar do velho e de entrar limpo no ano novo. Sugere renovar algumas das condutas, mudar crenças e começar novamente sem o ranço do passado e as angústias, mas sim com a esperança de um mundo melhor. Por ser uma cor leve, que sugere pureza e transparência, ela ajudará a descortinar os novos dias, de forma agradável, sem comparações com o passado, tampouco com as emoções contaminadas pelos traumas e medos. Ajuda a olhar para frente com disposição de dar o melhor de si para progredir economicamente e conquistar harmonia nos relacionamentos. **Decreto da virada com o branco**: Eu escolho viver em paz e farei o que for necessário para viver bem e ser feliz. **Palavras de força**: paz e harmonia.

Considerações finais – Vista as cores de acordo com sua vontade, cuidado para não escolher cores que sufoquem os seus propósitos por serem opostas aos seus desejos. Por exemplo, usar cores que induzem à mudança, tais como o vermelho, laranja e o amarelo, quando o objetivo é ser mais ponderado, tolerante e compreensivo, exigindo cores como verde, azul e outras. Nos anseios de execução prática dos ideais e de quebrar a zona de conforto em que se vive, não se deve usar cores neutras ou de distanciamento como o cinza ou preto. Nesses casos são indicados os tons de amarelo, laranja ou vermelho.

Para muitos, o *réveillon* é a celebração que sintetiza o próximo ano, outros consideram o primeiro dia do ano como sendo de fundamental importância para consolidar os dias subsequentes. Para essas pessoas, o que acontece nas primeiras horas do primeiro dia se repetirá o ano todo. Quem tiver essa crença, poderá vestir as cores sugeridas para a virada, no dia primeiro de janeiro. Assim eles vão se sentir envolvidos com a energia da cor, consequentemente, atrairão os seus benefícios durante o ano que está começando.

Seja qual for a cor escolhida para celebrar esses momentos especiais, elas vão contribuir para despertar sentimentos agradáveis e positivos. O importante é que a pessoa se sinta bem com a roupa que ela veste. Quando gosta da tonalidade e se sente à vontade com aquela roupa, isso eleva a estima e realça as qualidades positivas da cor. Não precisa usar uma roupa num tom que a desagrada, isso compromete os seus benefícios. Por isso, foi sugerido introduzir acessórios na vestimenta, pronunciar o decreto ou mentalizar as palavras de força relacionadas à cor.

Use a energia a seu favor, não comprometa a fonte interior com o desconforto do vestuário. Lembre-se, caro leitor, quando você estiver se sentindo bem, inclusive com a cor da roupa, isso fará toda diferença na maneira de se relacionar com a vida dali para frente.

CAPÍTULO 7

A cor na casa

A arte de decorar consiste na acomodação dos móveis, quadros e peças decorativas necessários num ambiente e no emprego de cores para formar um conjunto harmonioso no recinto.

A distribuição adequada das cores é um fator primordial para criar uma atmosfera agradável, favorecendo a permanência das pessoas nos recintos. Usar cores apropriadas para cada recinto proporcionará uma boa convivência no lar.

As cores não precisam necessariamente ser empregadas nas paredes. Elas poderão ser introduzidas, nos móveis ou nas peças decorativas, para formar um conjunto harmonioso com os demais ambientes.

Quando elas forem usadas nas paredes, devemos levar em consideração a grande extensão visual dessas superfícies e usar tonalidades pastéis. Cores suaves evitam a saturação, tornando o ambiente agradável.

É necessário cautela no uso de cores vivas nas paredes, para que não haja um forte impacto visual, que se traduz em desconforto, comprometendo a permanência prolongada.

Já, se as cores forem utilizadas em pequenas peças decorativas, podem ser indicadas tonalidades intensas, pois, a pouca dimensão visual dos objetos de decoração, requer maior intensidade das cores, para obter os seus benefícios.

Ao optar por uma cor propícia para o recinto, não precisa fazer uma reestruturação completa, tampouco trocar móveis, pintar paredes etc. Basta introduzir alguns objetos ou luzes coloridas ou outras estratégias práticas e eficientes. No entanto, esse procedimento exige cautela para não quebrar a harmonia cromática.

Existe um fator importante a ser considerado no uso da cor no lar, trata-se da faixa etária das pessoas que frequentam o ambiente. Um quarto de bebê, por exemplo, requer certa diversidade de cores para provocar estímulos visuais. Num ambiente frequentado por crianças, cores variadas e fortes também são recomendadas, elas sentem-se bem diante das sensações visuais de dinamismo.

No quarto de adolescentes convém usar cores intensas e alegres, elas promovem estímulos e energia. Os tons neutros e escuros não são apropriados para os jovens.

As pessoas de média idade gostam de conviver em ambientes com cores suaves, mas não podem faltar detalhes coloridos, estes são indispensáveis ao bem-estar durante a permanência no recinto.

Num ambiente frequentado por pessoas com mais idade, convém usar cores suaves. Elas criam uma atmosfera agradável para os idosos.

A moda na decoração pode apresentar tendências de cores que não são recomendadas no que diz respeito às suas propriedades. Houve época em que usavam louças de banheiro preto e verde-escuro, essas cores não são apropriadas para esse cômodo. No entanto, era moda e o seu uso era comum.

Obviamente, a permanência num recinto composto por cores inadequadas não é agradável. Mesmo que as cores usadas estejam de acordo com os ditames da moda, isso não altera a influência negativa delas.

Ao decorar a casa devemos lembrar que mais importante do que a tendência da moda é a paz e harmonia na convivência do lar. Assim, se o modismo incluir cores que não promovam sensações agradáveis, devemos escolher aquelas que deixam o ambiente aconchegante, priorizando as propriedades e não a moda. Pois, é mais importante ter um ambiente agradável para a convivência, do que impressionar as visitas.

O objetivo deste livro não é fazer a decoração de sua casa, mas sim orientar o leitor a respeito das propriedades das cores para os ambientes. Para o equilíbrio e harmonia das cores, consulte um decorador, um design de interiores ou um arquiteto. Esses profissionais estão aptos a fazer uma distribuição adequada das cores escolhidas para compor os ambientes do lar.

Cores para a sala de estar

Branco, azul, amarelo, laranja, verde, marrom ou vermelho.

O branco é uma cor suave e deixa o ambiente leve e agradável, ele pode ser usado nas paredes, sem nenhuma restrição, pois não provoca saturação visual, favorecendo a permanência prolongada em qualquer recinto da casa, inclusive na sala de visita. A opção pelo branco nas paredes favorece a inclusão de objetos coloridos, ele combina com qualquer outra cor. No entanto, ele deixa o ambiente frio e sem dinamismo, por isso recomendam-se também outras cores nos ambientes.

O azul é indicado para a sala de estar. Ele relaxa, sugere aconchego e acolhimento, transmite a sensação de conforto do lar, tornando a permanência prolongada e agradável.

Os tons de índigo ou anil sugerem requinte e sofisticação.

O violeta deixa esse ambiente luxuoso e dá mais suntuosidade, enaltecendo os detalhes quando usado na sala de estar.

O amarelo cria uma atmosfera alegre e descontraída, amplia o ambiente, deixando-o leve e arejado. Não devemos abusar dessa cor na sala, pois ela tira a sensação de aconchego do lar. Ela é muito usada em cozinha e sala de almoço.

O laranja proporciona um clima de diálogo e de descontração durante a permanência neste recinto.

O verde é uma cor que minimiza o estresse, a sua presença na sala de estar ajuda a recompor o esgotamento causado pela correria do dia a dia. A sugestão de equilíbrio do verde auxilia durante a permanência na sala. Essa cor poderá ser introduzida por meio de plantas. No entanto, ela não deve ser predominante nesse ambiente, pois o deixa estático e monótono.

Os móveis ou objetos de madeira na sala, com tonalidades da cor marrom, proporcionam sensações de firmeza, de segurança e de solidez do lar.

Alguns detalhes em vermelho proporcionam dinamismo e estimulam a movimentação, eles quebram a monotonia do ambiente. Por se tratar de uma cor de alto grau de saturação, seu uso deve ser moderado, evitando o desconforto e o mal-estar provocado pelo superestímulo da cor.

Cores para a sala de jantar

Verde, amarelo ou laranja

O verde cria uma atmosfera propícia para a digestão e agradável para a alimentação. As melhores tonalidades para ser aplicadas neste ambiente são: verde-limão ou verde erva-doce. Essas nuances são as mais apropriadas para a sala de jantar.

O amarelo deixa esse ambiente leve e apropriado para a alimentação. Detalhes em laranja também são recomendados, pois essa cor estimula o apetite, contribuindo para as atividades alimentares.

Cores para a cozinha

Laranja, amarelo, verde ou branco

A sugestão visual do laranja promove estimulação das glândulas salivares, aguçando o paladar. Ele contribui para aumentar o apetite e cria um clima propício a uma boa alimentação. Essa cor pode ser usada na decoração, nos acessórios ou nos utensílios culinários.

O amarelo sugere estímulo alimentar, deixa o ambiente leve e propício para preparar as refeições.

O verde não sugere estímulo alimentar, mas sim um ambiente em que a ingestão de comida se torna equilibrada e satisfatória. Ele contribui para a boa digestão.

O branco sugere leveza e higiene. Ajuda a preservar o ambiente limpo, pois quaisquer resíduos logo aparecem, facilitando a sua remoção. A presença dessa cor na cozinha deixa o ambiente suave e agradável para o preparo dos alimentos.

Por outro lado, o violeta sugere a redução do apetite, sendo recomendado o seu uso na decoração da cozinha das pessoas que fazem dietas alimentares. Como ele não instiga a ingestão de comida, ajuda a fazer regimes.

Cores para o banheiro

Amarelo, verde ou branco

O amarelo sugere dia claro e ensolarado. Tão logo acordamos e vamos ao banheiro, essa é uma boa sensação para acordar e começar o dia animado. Vários tons de amarelo, inclusive o creme, são apropriados tanto para a decoração deste ambiente, quanto para serem usados nos utensílios, toalhas etc.

O verde promove uma atmosfera equilibrada, tornando a permanência agradável no banheiro.

O branco deixa a atmosfera leve e suave, dá a sensação de limpeza e proporciona bem-estar.

Cores para os quartos

As cores para o quarto de dormir podem ser aplicadas nas paredes, cortinas, roupas de cama e outros objetos. Colocar uma parede na cor apropriada é uma boa estratégia, desde que ela combine com a decoração do quarto. No entanto, seus benefícios são anulados quando a luz for apagada. Uma maneira eficiente de obter os benefícios da cor neste recinto é usar luzes coloridas. Elas emanam os raios da cor, criando uma atmosfera condizente com as suas propriedades.

Enquanto estamos no quarto, a luz colorida age sobre nós, criando uma atmosfera propícia. No entanto, para dormir, de modo geral, certas cores são mais apropriadas, como o azul, para quando temos dificuldade para dormir ou apresentamos um sono agitado ou mesmo para a insônia. Já o verde é recomendado para o dia a dia, quando não houver queixa do sono, ele é antiestresse e proporciona um sono equilibrado.

Quem gosta de dormir no escuro pode apagar a luz depois de um período deitado, mas quem não se incomoda com um pouco de claridade no quarto, a luz colorida pode permanecer acesa durante toda noite.

Estudos do sono indicam que a escuridão do quarto é mais apropriada para dormir bem. Eles baseiam-se na influência da luz do dia, como inibidor da produção do hormônio melatonina que é produzido pela glândula pineal. No tocante às luzes azul e verde, elas produzem pouca luminosidade; o azul, por exemplo, associa a noite e transmite calma e relaxamento. Esses efeitos sobrepõem a interferência da luminosidade sobre o corpo durante o sono. Não devemos apagar a luz colorida por essa razão física, exceto se a pequena claridade nos incomoda ou para economizar energia elétrica. Nesse caso, as lâmpadas de *leds* coloridas são extremamente econômicas.

Cores para o quarto do bebê

Rosa, azul, verde, amarelo ou branco

Os estímulos visuais das cores favorecem a interação do bebê com o ambiente, brinquedos coloridos despertam o interesse e aguçam o bebê quando ele estiver acordado. Por isso, mais do que a cor na decoração, deve-se introduzir cores no ambiente ou nos utensílios.

No quarto do bebê do sexo feminino o tradicional rosa sugere ternura, afetividade e leve estímulo. Para quem quer fugir do tradicional rosa, pode optar pelo salmão, essa cor deixa o quarto mais clássico. Para contrastar com essa formalidade é preciso usar objetos de decoração coloridos. No quarto da menina, pode-se também optar por outras cores, conforme sugestões posteriores.

O azul, culturalmente usado nos quartos do menino, sugere serenidade, acolhimento e proporciona sono tranquilo. Essa cor é indicada principalmente para os bebês agitados, independentemente do sexo, o azul pode ser usado nas paredes, nos objetos de decoração e também na luz do abajur. Ele também é recomendado durante a fase das cólicas em que o bebê chora muito. Uma luz azul acesa durante toda noite ajuda nessa fase.

O verde cria uma atmosfera agradável e naturalmente equilibrada tanto para o bebê quanto para a mãe que frequenta regularmente o quarto. Também ajuda a dormir. Essa cor exige a presença de outras estimulantes para deixar mais dinâmico o quarto. Os tons mais recomendados são verde-limão ou erva-doce.

O amarelo provoca uma sensação de claridade, como se a luz solar estivesse dentro do quarto. O ambiente fica levemente alegre. Estimula a vontade de ficar brincando com o bebê. Não é comum a predominância dessa cor no quarto, pode-se introduzir objetos de decoração amarelo, eles dão mais dinamismo no ambiente.

O branco está quase sempre presente, seja nas paredes, seja nos objetos decorativos ou no enxoval; ele proporciona suavidade, deixa o ambiente leve e agradável, combina com o colorido das peças decorativas e dos brinquedos.

Quarto da criança

Amarelo rosa, azul, verde, ou branco

A partir de certa idade, a criança desenvolve uma atração e até fascínio pelas cores. Além dos personagens infantis preferidos, os quais ela quer em seu quarto, a presença de cores variadas cria um clima predileto. Geralmente, a criança não gosta de ambiente formal, clássico ou rústico, ela prefere no seu quarto figuras infantis e jogo de cores. Convém atender a preferência de cores da criança, para que ela se sinta bem no seu quarto.

A alegria e luminosidade do amarelo torna essa cor favorável para ser empregada no quarto. Detalhes de laranja sugerem impulsos e dinamizam a atmosfera. Até mesmo, alguns tons de vermelho na decoração geram estímulos visuais preferidos pela criança. Essa dinâmica das cores pode não estimular o sono, mas torna o ambiente o predileto da criança, estabelecendo o vínculo dela com o seu quarto. Obviamente essas cores não vão dificultar o sono, visto que ao apagar a luz, as cores deixam de irradiar e o sono naturalmente surge.

O rosa costuma ser escolhido pelas meninas até certa idade, depois elas não querem mais essa cor. Sua presença desperta a ternura e carinho, dando certo estímulo ao ambiente.

O azul deixa o ambiente agradável e suave, favorece o sono e inibe os impulsos exagerados da criança. É uma das cores mais recomendadas para predominar no quarto, seja na decoração, seja na luz do abajur, podendo permanecer acesa durante a noite. Dessa forma, a cor sobrepõe as outras estimulantes que estiverem presentes no ambiente.

O verde também deixa a atmosfera agradável e equilibrada. No entanto, essa cor não conta com a adesão de uma parte das crianças, geralmente elas não aderem ao verde, pois anseiam por estímulos e dinamismo e nessa cor prevalece a sugestão equilibradora. De qualquer forma, se for utilizada nas paredes ou for predominante no quarto da criança, deve ser acompanhada por cores estimulantes.

O branco traz leveza e suavidade para o ambiente e pode ser contrastado com diversos tons fortes. Além de combinar com praticamente todas as outras cores.

Quarto do adolescente

Amarelo, laranja, vermelho, azul ou branco
No quarto dos adolescentes prevalece a sua cor preferida, pois a escolha da cor predominante

é fundamental para que ele sinta-se bem no seu ambiente. A sugestão de cores, a seguir, geralmente serve para complementar a decoração ou ser aplicada em alguns detalhes ou na iluminação colorida.

O amarelo é uma cor jovial e alegre, estimula a alegria e deixa o quarto leve e arejado, principalmente quando os jovens usam símbolos e imagens escuras nas paredes. A presença do amarelo suaviza visualmente o clima desse recinto. Mesmo os *posters* sendo prediletos, a predominância dos tons escuros pode deixar densa a atmosfera. Nesse caso, algumas predileções um pouco "pesadas" são amenizadas com o amarelo.

Quarto do adulto solteiro

Azul, verde, bege, amarelo ou branco

Há certa tendência nessa fase adulta por cores neutras ou mesmo tons escuros. Esses tons não são os mais apropriados para esse recinto.

Quando estiverem presentes, deve-se contrastar com cores estimulantes, tais como o amarelo, o laranja e outros, nos objetos de decoração ou na roupa de cama.

O azul cria uma atmosfera propícia ao sono tranquilo, tornando agradável a permanência nesse recinto.

O verde é equilibrador e minimiza o estresse, tornando a permanência no quarto uma condição, ainda mais favorável para recuperar-se das exaustivas atividades do dia.

O bege é uma nuance do marrom, ele sugere maturidade e leve sensação de segurança, deixa o ambiente clássico. É mais apropriado para os homens.

O amarelo ou o tom suave de creme criam um ambiente jovial e alegre.

O branco como nos demais recintos é sempre uma boa alternativa para combinar com a decoração, realçando as demais cores usadas no ambiente. Trata-se de uma cor branda e suave.

Quarto do casal

Azul, verde, rosa ou vermelho.

O azul é agradável para o sono do casal, proporcionando uma atmosfera de repouso e de harmonia. Ele acalma a mente e relaxa o corpo.

O verde sugere equilíbrio e ponderação entre o casal, evita conflitos e instabilidades emocionais. Favorece o resgate das forças físicas e emocionais, minimizando o estresse.

O rosa sugere ternura e afetividade no relacionamento a dois. Cria uma atmosfera propícia à intimidade do casal.

Detalhes do vermelho no ambiente deixam-no mais picante e ousado, evitando que o relacionamento a dois se desgaste, caindo na monotonia.

Quarto do idoso

Bege, branco, verde ou amarelo.

Cores neutras e clássicas são as prediletas nessa fase da vida, inclusive os tons suaves.

Cores fortes e estimulantes nem sempre são agradáveis. Deve-se evitar o excesso de cores no quarto, elas podem causar desconforto.

Tons de bege, creme e cinza sugerem firmeza e segurança. Geralmente proporcionam sensações de bem-estar ao idoso.

A suavidade do branco sugere sutileza, tornando-se apropriado para o quarto dessas pessoas.

Tons de verde costumam ser bem-vindos a esse ambiente. Quando essa cor agrada os olhos do idoso, proporciona a ele uma atmosfera equilibrada e branda, quando se recolher ao quarto de dormir.

Detalhes na cor amarela são viáveis para despertar o idoso para os novos rumos existenciais. A vivacidade mental sugerida por essa cor, torna-a importante para o quarto do idoso. Ainda que ela não seja preferida, convém usá-la estrategicamente no quarto dessa faixa etária.

CAPÍTULO 8
As cores na empresa

Os diversos segmentos empresariais buscam produzir uma atmosfera adequada ao ritmo de produção. Quando as cores forem aplicadas no interior da empresa, criam um ambiente propício ao desempenho das atividades, dinamizam o ritmo de produção e promovem qualidade de vida para os funcionários.

A comunicação visual das cores usadas na fachada dos prédios, nas embalagens dos produtos e nos impressos, contribui para o sucesso dos negócios. Elas transmitem aos clientes sugestões compatíveis ao segmento de atuação da empresa.

A presença de uma determinada cor na fachada desperta interesse do público. Nas embalagens, elas reforçam as propriedades do produto. Nos impressos, o uso adequado de cores condizentes ao segmento, torna mais consistente a proposta do produto.

As campanhas publicitárias utilizam cores, cuja comunicação visual é compatível com o produto anunciado. A presença das cores adequadas nas propagandas cria uma atmosfera sugestiva ao consumo do produto anunciado.

A publicidade de uma bebida para ser consumida gelada, por exemplo, é feita numa paisagem árida, com predominância de cores quentes (vermelho, laranja ou amarelo) presentes nas roupas dos personagens ou no cenário. Quando entra em cena o produto, a presença da cor azul associada a ele reforça a ideia de saciar a sede.

A área de publicidade difundiu a utilização das cores no segmento empresarial. Os resultados promissores do emprego de cores na divulgação de uma marca ou produto foram significativos para adesão e popularização das cores nas empresas.

Além disso, a competitividade entre as empresas e a variedade de produtos similares exigem que as empresas utilizem vários recursos, inclusive os visuais por meio das cores, para se manterem no mercado.

Algumas empresas adotam critérios cromoterápicos que atendam às necessidades de produção e comercialização dos seus produtos. Os resultados desse procedimento são promissores.

Independente do porte da empresa, o uso de cores adequadas colabora para obter resultados positivos.

Os empresários que ainda não despertaram para a importância das cores na empresa usam-nas indiscriminadamente, de acordo com sua preferência pessoal. Muitas vezes, as preferidas não são as condizentes com o segmento da empresa, podendo influenciar negativamente o cliente. Usar cores apropriadas é um importante passo para o sucesso do empreendimento comercial.

Comunicação holocromática na empresa

O termo holocromático, composto pela junção de *holo* (do grego: inteiro, completo) e cromatismo (variação de cores), consiste nas propriedades psicoemocionais, energética e a simbologia. Essas propriedades se comunicam com os funcionários, clientes e outras pessoas, contribuindo para o bom andamento dos negócios.

No meio empresarial, deve-se considerar o efeito das cores antes de escolher aquelas que farão parte do interior, da fachada, do material publicitário e até mesmo da logomarca.

Vermelho

É considerado uma cor estimulante, induz à ação e ao movimento. Seu uso é benéfico em ambientes cujo ritmo de produção precisa ser dinâmico e acelerado. Na linha de montagem, por exemplo, essa cor evita a dispersão dos funcionários que atuam num ritmo mecânico e monótono.

Convém lembrar que essa cor satura com facilidade. Por isso, seu emprego deverá ser moderado, pois o uso exagerado de tons fortes em superfícies extensas causa saturação dos trabalhadores, depois de um período de exposição visual. O desconforto da saturação poderá causar os seguintes sintomas: estresse, esgotamento, irritabilidade e possíveis intrigas entre os integrantes da equipe.

Geralmente uma tarja vermelha no horizonte óptico dos funcionários de um departamento é suficiente para obter os benefícios dessa cor.

O vermelho atrai a atenção e provoca forte impacto visual. É indicado para sinalizar avisos importantes. Alguns detalhes nas embalagens dos produtos promovem destaque e favorecem à comercialização.

A sugestão de calor e vitalidade dessa cor é ideal para ser usada nas embalagens dos produtos que proporcionam energia, tais como chocolates, alimentos picantes, quentes etc.

É considerada pela publicidade uma cor de grande comunicação visual. Sua presença nos letreiros, nas fachadas e principalmente nos anúncios de promoção torna-se marcante aos olhos do cliente.

Laranja

Proporciona aos funcionários estímulo e encorajamento, ajudando na dinâmica do departamento. Incentiva o cliente a definir-se pela aquisição ou desistência da proposta de compra, evitando que a dúvida permaneça por longo tempo. Contribui para fechar negócios.

Nos departamentos de contato com clientes para gerar novos negócios, o laranja minimiza o acanhamento e a timidez, desperta nos funcionários a ousadia e a determinação, favorecendo o diálogo.

Quando usado nos ambientes de alimentação, estimula o apetite, favorece a ingestão de alimentos. Em geral as três cores quentes (vermelho, laranja e amarelo) são adequadas para restaurantes e praça de alimentação. Dentre elas, o laranja é o mais apropriado. Ele também aguça o paladar, tanto de quem prepara os alimentos, quanto daqueles que vão comer.

Amarelo

É considerado pela publicidade como uma cor de forte impacto visual, seu uso é recomendado nas fachadas e letreiros para despertar a atenção das pessoas para a marca ou o produto da empresa.

Em virtude do efeito estimulante sobre a mente, essa cor é recomendada nos setores que exigem atenção e grande desempenho mental dos funcionários.

O amarelo sugere beleza e desperta o charme e a elegância; é recomendado para os salões de beleza, lojas de roupas etc.

Verde

É considerada a cor do equilíbrio e da estabilidade, sendo indicada para ambientes onde são desempenhadas atividades de precisão, que exigem concentração dos funcionários.

A presença do verde na linha de produção de uma fábrica ou indústria ameniza o ritmo estressante e a atmosfera barulhenta desses ambientes. Beneficia funcionários que trabalham sob calor e pressão.

Sugere ponderação e harmonia. Favorece a boa relação entre os funcionários. É indicado para qualquer área da empresa dedicada à integração dos funcionários, departamento pessoal e recursos humanos.

É a cor predominante da natureza, sendo recomendada para embalagens e divulgações de produtos naturais, legumes e outros.

O verde não é recomendado para ambientes administrativos e escritórios, tampouco na fachada, salvo nas empresas de produtos naturais.

Azul

É uma cor suave e calmante, sugere paz e tranquilidade. Sua predominância em um ambiente propõe uma atmosfera de envolvimento e de aconchego, sendo ideal para recepções e sala de espera.

Para os funcionários que trabalham em ambientes tensos, barulhentos ou sob pressão, indica-se o emprego dessa cor nas áreas de descanso da empresa. O intervalo de trabalho num ambiente predominantemente azul, proporciona sensação de repouso, fazendo com que os funcionários se recuperem mais brevemente, retornando para o próximo turno mais descansados.

Nas casas noturnas, onde a permanência prolongada dos clientes é importante para o sucesso do empreendimento comercial, a presença de tons azuis torna o ambiente aconchegante, estimulando o consumo de bebidas. Também são indicados para embalagens de bebidas que devam ser ingeridas geladas. E para as modalidades que envolvem casa, construção e anúncios de imóvel; sugerem o aconchego do lar.

O azul também possui boa comunicação visual, podendo ser empregado na fachada das empresas.

Violeta

O violeta sugere poder, nobreza e suntuosidade, é a cor mais apropriada para a diretoria;

reforça a autoridade, induz ao comando e fortalece a responsabilidade. Pode ser usado também nas salas dos clientes especiais *"Vip"*. A presença dessa cor na embalagem de artigos nobres enaltece o produto.

Lilás

Essa tonalidade favorece a criatividade, aprimora as ideias e ajuda a formulação de novos conceitos para introduzir produtos no mercado. É recomendado para ambientes onde são elaborados projetos especiais, como no departamento de marketing etc.

Marrom

Trata-se de uma cor sóbria e formal, que sugere segurança e confiabilidade. As tonalidades suaves do marrom são indicadas para os setores de atendimento aos clientes. Uma dica de como empregá-la nesse setor é nos quadros ou tapeçarias, colocadas na parede atrás do balcão, por exemplo, para se comunicar visualmente com os clientes. Nessas condições a cor transmite confiabilidade.

Impressos marrons dão consistência às propostas apresentadas, principalmente na área de prestação de serviços. Também nas campanhas de publicidade de imóveis, realça a solidez do investimento.

Cores indicadas para os setores das empresas

A distribuição adequada de cores para os setores da empresa visa melhorar o desempenho das atividades, o aumento da produtividade e da qualidade de vida dos funcionários.

O uso das cores nos ambientes de trabalho não requer grandes alterações, tampouco altos investimentos. Existem maneiras criativas para introduzi-las nos setores. Basta inserir alguns detalhes coloridos, estrategicamente colocados na frente dos funcionários ou nos locais frequentados pelos clientes para atingir o efeito almejado.

Se as cores forem empregadas em superfícies extensas, isso requer o uso de tonalidades pastéis da cor escolhida para evitar a saturação, o que comprometeria a permanência prolongada nos departamentos. Entretanto, se elas forem usadas nos detalhes, tons fortes ou mais escuros realçam as suas propriedades.

Em seguida serão indicadas as cores mais apropriadas para os setores. No que diz respeito a como introduzi-las, mesmo apresentando algumas alternativas, o ideal é consultar um especialista em designers de interiores ou decorador. Esses profissionais farão a distribuição das cores sugeridas pela cromoterapia ou pela comunicação holocromática.

Para cada departamento serão sugeridas uma ou mais cores, que favoreçam o desenvolvimento das atividades, seja junto aos funcionários, seja com os clientes. Na sequência, serão apresentadas os tipos de influências nos respectivos setores.

Recepção ou sala de espera

Azul, marrom, amarelo ou verde

O azul cria uma atmosfera agradável e aconchegante para receber os clientes. A sugestão de calma e tranquilidade sugerida por essa cor ameniza o tempo de espera, evitando a agitação e minimiza a irritação causada pela demora no atendimento.

Visto que esse ambiente é a porta de entrada do cliente, a presença do marrom promove um impacto visual que realça a solidez da empresa, fortalecendo a confiança do cliente.

Alguns detalhes de amarelo auxiliam na descontração dos visitantes, podendo despertar o bom humor. Essas condições tornam amistosa a relação entre os clientes e os funcionários.

A relação do verde com a natureza minimiza o estresse e sugere equilíbrio no contato com a empresa.

Administração

Amarelo ou laranja

O estímulo mental do amarelo facilita a dinâmica de trabalho no setor administrativo. Estimula a vivacidade e a organização, tornando as pessoas mais prestativas. Cria um clima alegre e amistoso entre os funcionários, sem comprometer o ritmo de produção.

A cor laranja favorece a concentração e induz as ações lógicas, acentuando o dinamismo e a objetividade.

Diretoria

Violeta, índigo ou marrom

O violeta sugere superioridade e poder. É a cor ideal para o comando da empresa. Desperta a perspicácia para os negócios e deixa o ambiente luxuoso. Amplia os horizontes da mente, permitindo melhor atuação no mercado empresarial. Mantém a responsabilidade necessária para a direção de um empreendimento.

O índigo ajuda a formar opiniões, favorecendo uma atuação convincente e persuasiva daqueles que estão no comando da empresa.

A presença do marrom na diretoria solidifica a consistência das ordens e das estratégias da direção da equipe e das escolhas que dimensionam os novos empreendimentos.

É preciso fazer uma harmonia cromática, haja vista as três cores indicadas não combinarem entre si. É necessário optar por algumas delas ou inserir outras nuances claras, para criar uma atmosfera agradável na diretoria.

Departamento de produção

Verde, vermelho ou laranja

Na linha de produção, o verde promove equilíbrio e suaviza o estresse, evitando o desgaste excessivo. Favorece a precisão na execução das tarefas. Deve-se pintar as paredes desse departamento em tons suaves (verde-água). Tonalidades fortes da cor saturam o ambiente, tornando-o estático.

Alguns detalhes da cor vermelha, introduzidos principalmente em locais onde os funcionários precisam focar as suas atividades, auxiliam na concentração, evitando a dispersão. Contribuem também para aumentar o vigor físico, a agilidade e a motivação.

O laranja também é uma cor sugestiva para este setor, por ser estimulante. Também sugere boa desenvoltura e praticidade.

Como a saturação visual do laranja não é tão forte como o vermelho, ele pode ser usado em superfícies mais extensas, tais como em algumas paredes dos departamentos de produção.

Refeitório

Branco, laranja, amarelo ou verde

A presença da cor branca nesse recinto torna-o mais claro e higiênico. Paredes brancas são sugestivas para o local.

O laranja estimula o apetite e desperta o paladar, favorecendo a alimentação. O amarelo também relaciona-se à ingestão do alimento; sua presença também é indicada para esse recinto.

É viável usar também alguns detalhes em verde, visto que essa cor é considerada boa para a digestão e antiestresse, favorecendo a recuperação do funcionário durante o almoço.

Área de descanso

Verde e azul

A propriedade antiestresse do verde torna-o uma cor importante para as áreas de descanso e lazer dos funcionários dentro da empresa.

O azul promove a breve recuperação da disposição dos funcionários, renovando as suas forças e dando nova disposição para voltar ao próximo turno de atividades.

Banheiro ou vestiário

Amarelo, branco ou vermelho

O amarelo cria uma atmosfera descontraída, arejada e agradável para a permanência nesse recinto. Essa é uma das cores mais indicadas para esse ambiente. Ele pode ser empregado nas paredes, nesse caso, deve-se usar tonalidades suaves.

O branco também é compatível com esse ambiente, sugere limpeza e dá a sensação de amplitude do espaço, que geralmente é pequeno.

Essas duas cores podem ser usadas nas paredes, louças sanitárias ou nos armários dos funcionários.

Na parte interna das portas dos sanitários, recomenda-se pintar de vermelho. O alto nível de saturação dessa cor evita a permanência prolongada dos funcionários no banheiro em horário de expediente. Também promove um estímulo para o retorno ao trabalho. O local sugerido para o vermelho (atrás da porta), não vai interferir na decoração do ambiente.

CAPÍTULO 9
Índice das cores para os órgãos e as doenças

Este capítulo consiste em descrever 287 órgãos e doenças, com as respectivas cores para energizá-los e/ou tratá-los. Serão indicadas as cores para serem usadas por meio de aplicação de luzes, que devem ser dirigidas para a região dos órgãos ou no local do corpo afetado pela doença; projeção mental; exercício de respiração da cor; e a ingestão de água solarizada. Para saber mais a respeito desses métodos, consulte nos capítulos anteriores onde eles estão descritos.

Acidez gástrica	Aplicar luzes: verde (5 min.) e azul (10 min.); tomar água solarizada azul.
Ácido úrico em excesso no sangue	Aplicar luz laranja (10 min.) nos rins e tomar água solarizada laranja.
Acne (cravo e espinha)	Aplicar luzes amarela (5 min.), verde (2 min.) e azul (3 min.).

Afonia	Consultar perda da voz.
Afta	Aplicar luz azul (10 min.).
Aids	Aplicar luzes verde (5 min.), azul (5 min.) e violeta (10 min.) no centro do peito (timo) e na circulação sanguínea. Tomar água solarizada violeta.
Alergia	Aplicar luzes verde (5 min.) e azul (10 min.).
Alzheimer	Aplicar luzes amarela (10 min.) e depois de algumas horas o violeta (10 min) ambas na região da cabeça.
Amamentação	Aplicar luzes verde (2 min.), laranja (3 min.) e rosa (5 min.) sobre as mamas.
Amenorreia	Aplicar luzes laranja (5 min.) e rosa (5 min.) na região pélvica (sobre o aparelho reprodutor). E sobre a região frontal (na testa), aplicar o índigo (3min.). Não fazer essas aplicações caso a mulher esteja grávida.
Amigdalite	Aplicar luzes verde (2 min.), azul (5 min.) e violeta (3 min.) sobre a garganta.

Anemia	Aplicar luz vermelha (5 min.) na corrente sanguínea. Tomar água solarizada vermelha.
Aneurisma	Aplicar luzes verde (3 min.) e azul (10 min.) na região afetada.
Angina	Aplicar luz azul (15 min.) na região do peito.
Ansiedade	Aplicar luz azul (10 min.) na região frontal e no peito.
Antebraço	Entre o cotovelo e o punho (ossos: rádio e ulna). Problemas: Aplicar luzes laranja (5 min.), verde (5 min.) e azul (5 min.).
Apendicite	Aplicar luzes verde (5 min.), azul (5 min.) e índigo (5 min.).
Arritmia cardíaca	Aplicar luz verde (10min.) sobre o coração.
Artérias	Consulte vasos sanguíneos.
Arteriosclerose	Aplicar luzes verde (5 min.) e azul (5 min)
Artrite	Aplicar luzes verde (5 min.) e azul (5 min.).
Artrose	Aplicar luzes laranja (5 min.), verde (5 min.) e azul (10 min.).

Asma	Aplicar luzes verde (5 min.) e laranja (10 min.). Fazer exercício de respiração com a cor laranja.
Ataque cardíaco	Aplicar luz verde (10min.).
ATM (Articulação Temporomandibular), dor	Aplicar luzes verde (5 min.) e azul (10 min.).
AVC (acidente vascular cerebral ou encefálico)	Aplicar luz verde (10min.).
Azia	Aplicar luzes verde (5 min.) e azul (10 min.).
Bexiga, problemas	Aplicar luzes verde (2 min.) e laranja (10 min.). Tomar água solarizada amarela.
Bico de papagaio	Consulte hérnia de disco.
Boca seca	Consulte síndrome de sjögren.
Bócio	Aplicar luzes verde (5 min.) e laranja (15 min.).
Braço (entre o ombro e o cotovelo), osso do úmero e/ou músculo bíceps, problemas	Aplicar luzes laranja (5 min.), verde (5 min.) e azul (5 min.).

Bronquite	Aplicar luzes laranja (3 min.), verde (2 min.) e azul (5 min.). Fazer exercício de respiração com a cor laranja.
Bruxismo	Aplicar luz azul (15 min.) antes de dormir.
Burnout (estresse laboral)	Aplicar luz verde (10 min.), na região frontal e no centro do peito.
Bursite	Aplicar luzes verde (5 min.), azul (5 min.) e índigo (5 min.).
Cacoetes	Aplicar luzes verde (5 min.) e azul (5 min.).
Cãibra	Durante a crise visualizar ou aplicar luz laranja. Após a crise aplicar luz azul (15 min.).
Cálculo na vesícula biliar	Aplicar luz laranja (15 min.). Recomenda-se água solarizara laranja.
Cálculos renais	Aplicar luz laranja (15 min.). Recomenda-se água solarizada laranja.
Calo nas corda vocais	Aplicar luzes laranja (5 min.), verde (5 min.) e azul (5 min.).
Calo nos pés e nas mãos	Aplicar luzes verde (5 min.) e laranja (10 min.).

Câncer	Aplicar luzes laranja (5 min.), verde (5 min.), azul (10 min.) e violeta (10 min.). Tomar água solarizada: azul e violeta (intercalar as duas cores).
Cárie dentária	Aplicar luz azul (10 min.).
Catarata	Aplicar luzes verde (5 min.) e laranja (10 min.). Em outro momento do dia ou após 2 horas, aplicar luzes verde (5 min.) e índigo (10 min)
Caxumba ou parotidite	Aplicar luzes verde (5 min), azul (5 min) e violeta (5 min).
Celulite	Aplicar luzes verde (5min) e laranja (10 min). Em outro momento do dia ou após 2 horas, aplicar luzes: verde (5 min) e índigo (10 min).
Circulatório, sistema	Consulte sistema circulatório.
Cirrose	Aplicar luzes verde (5 min.), laranja (10 min.) e vermelho (5 min.). Tomar água solarizada laranja.
Cistite	Aplicar luzes verde (5 min.), azul (5 min.) e índigo (5 min.). Tomar água solarizada azul.

Cisto de ovário	Aplicar luzes verde (3 min.), laranja (10 min.) e rosa (5 min.). Tomar água solarizada laranja.
Cistos em qualquer órgão do corpo	Aplicar luzes verde (5 min.) e laranja (5 min.). Aplicar também a cor que energiza o órgão afetado.
Coagulação sanguínea	Aplicar luz azul (10 min.) na corrente sanguínea. Tomar água solarizada azul.
Coceiras	Aplicar luzes verde (5 min.) e azul (10 min.), sobre o local da coceira.
Cólera	Aplicar luzes verde (5 min.), azul (10 min) e violeta (5 min) na região intestinal. Tomar água solarizada azul.
Colesterol	Aplicar luz laranja (10 min.) na corrente sanguínea. Tomar água solarizada laranja.
Cólica intestinal	Aplicar luzes laranja (10 min.), verde (5 min.), e azul (3 min.). Tomar água solarizada azul.
Cólica menstrual	Aplicar luzes verde (5 min.), laranja (10 min.) e rosa (3 min.). Tomar água solarizada laranja.

Cólica renal	Aplicar luz verde (3 min.), laranja (10 min.) e amarelo (5 min.). Tomar água solarizada amarela.
Colite	Aplicar luzes verde (5 min.), azul (10 min.) e índigo (5 min.). Tomar água solarizada azul.
Conjuntivite	Aplicar luzes verde (5 min.), azul (5 min.) e índigo (5 min.).
Convulsões	Aplicar luz verde (2 min.), azul (10 min.) e violeta (5 min.).
Coqueluche	Aplicar luz verde (2 min.), azul (10 min.) e violeta (3 min.) na garganta e nas vias respiratórias.
Coração	Energizar com a luz vermelha (3 min.) e verde (5 min.). Em caso de problemas usar somente luz verde (15 min.).
Cordas vocais	Energizar com a luz azul (10 min.).
Coriza	Aplicar luz azul (10 min.).
Corrimento vaginal	Aplicar luzes verde (2 min.), azul (5 min.) e rosa (5 min.).
Cravo (acne e espinha)	Aplicar luzes amarela (5 min.), verde (2 min.) e azul (3 min.).

Demência senil	Aplicar luzes amarela (10 min.); depois de algumas horas aplicar o violeta (10 min.), ambas na região da cabeça.
Dengue	Aplicar luzes verde (5 min.), azul (5 min.) e violeta (5 min.) por todo o corpo. Tomar água solarizada azul.
Depressão	Aplicar luzes amarela (5 min.) e laranja (10 min.) nas regiões frontal e no peito.
Dermatite	Aplicar luzes verde (3 min.), azul (5 min.) e índigo (3 min.).
Derrame	Aplicar luz verde (10 min.).
Diabetes	Aplicar luz amarela (10 min.) no pâncreas. Tomar água solarizada amarela.
Diarreia	Aplicar luzes verde (5 min.) e azul (10 min.). Tomar água solarizada azul.
Disfunção erétil (impotência sexual)	Aplicar luzes verde (5 min.) e vermelha (5 min.), na região pélvica, sobre o órgão genital.
Disidrose	Aplicar luzes verde (3 min.), azul (10 min.) e índigo (2 min.).

Distrofia muscular	Aplicar luzes verde (5 min.), laranja (5 min.) e vermelho (5 min.). Tomar água solarizada vermelha.
Diverticulite	Aplicar luzes verde (5 min.), azul (5 min.) e índigo (5 min.). Tomar água solarizada azul.
Doença de Chagas	Aplicar luz verde (2 min.), azul (10 min.) e violeta (3min.). Tomar água solarizada azul.
Dor	Para qualquer tipo de dor no corpo, aplicar luz azul (15 min.). Usar também a cor que energiza o órgão dolorido ou a que trata a doença que está causando o sintoma.
Dor de cabeça, na coluna, na garganta etc.	Aplicar luz azul (20 min.).
Drenagem linfática	Aplicar luzes verde (3 min.), azul (5 min.) e índigo (5 min.).
Eczema	Aplicar luzes verde (3 min.), azul (5 min.) e índigo (3 min.).

Edema em qualquer parte do corpo	Aplicar luzes verde (3 min.), azul (5 min.) e índigo (3 min.).
Encefalite	Aplicar luz verde (5 min.), azul (5 min.), índigo (2 min.) e violeta (3 min.). Tomar água solarizada violeta.
Endometriose	Aplicar luzes verde (5 min.), laranja (3 min.) e rosa (2 min.). Tomar água solarizada azul.
Enfisema pulmonar	Aplicar luzes verde (5 min.) e laranja (10 min.). Exercício de respiração da cor laranja.
Engasgo	Aplicar luzes verde (5 min.) e laranja (5 min.). Exercício de respiração da cor laranja.
Enjoo	Aplicar luzes verde (5 min.) e azul (10 min.). Tomar água solarizada azul.
Enurese noturna	Aplicar luzes amarela (5 min.), verde (5 min.) e azul (5 min.). Dormir com a luz azul acesa.
Enxaqueca	Aplicar luz azul (20 min.).
Epilepsia ou convulsão	Aplicar luzes amarela (5 min.), verde (5 min.) e azul (5 min.), na região da cabeça.

Erisipela	Aplicar luzes verde (3 min.), azul (10 min.) e violeta (2 min.).
Escabiose	Aplicar luzes amarela (5 min.), verde (5 min.) e azul (5 min.).
Esclerose múltipla	Aplicar luzes amarela (3 min.), verde (5 min.) e violeta (5 min.) no sistema nervoso central.
Escoliose	Aplicar luzes verde (5 min.) e azul (10 min.).
Esofagite	Aplicar luzes verde (5 min.) e azul (10 min.). Tomar água solarizada azul.
Espinha (acne e cravo)	Aplicar luzes amarela (5 min.), verde (2 min.) e azul (3 min.).
Esporão (dor no calcanhar)	Aplicar luzes verde (5 min.) e azul (10 min.).
Esterilidade ou infertilidade masculina	Aplicar luzes verde (5 min.) e vermelha (5 min.). Feminina – Aplicar luzes verde (5 min.) e rosa (5 min.).
Estômago	Aplicar luz amarela (5 min.). Tomar água solarizada azul.

Estomatite	Aplicar luzes verde (5 min.), azul (10 min.) e índigo (5 min.). Tomar água solarizada azul.
Estresse	Aplicar luzes verde (15 min.). Contato óptico com a cor verde.
Estria	Aplicar luzes amarela (5 min.) e azul (5 min.).
Facite plantar	Aplicar luzes verde (5 min.) e azul (10 min.) nos pés.
Falta de ar	Aplicar luzes verde (5 min.) e laranja (10 min.). Fazer exercício de respiração da cor laranja.
Faringite	Aplicar luzes verde (5 min.) e azul (10 min.).
Febre	Aplicar luzes verde (5 min.) e azul (10 min.).
Fibroma e mioma uterino	Aplicar luzes verde (5 min.) e laranja (10 min.).
Fibroses	Aplicar luzes verde (5 min.) e laranja (10 min.).
Fígado	Aplicar luz vermelha (10 min.). Tomar água solarizada vermelha.
Fimose	Aplicar luz laranja (10 min.)

Flacidez das mamas	Aplicar luzes laranja (5 min.) e rosa (5 min.).
Flacidez muscular	Aplicar luzes laranja (5 min.) e rosa (5 min.).
Flebite	Aplicar luzes verde (5 min.) e azul (10 min.).
Fossas nasais	Aplicar luz azul (5 min.). Fazer exercício de respiração da cor azul.
Fratura óssea	Aplicar luzes verde ou verde-limão (5 min.) e azul (5 min.).
Frieira	Aplicar luzes verde (5 min.) e laranja (5 min.).
Frigidez sexual	Aplicar luzes verde (5 min.) e rosa (10 min.).
Furúnculo	Aplicar luzes amarelo (5 min.), verde (3min), azul (5 min).
Gagueira	Aplicar luz laranja (10 min.).
Garganta, dor	Aplicar luz azul (10 min.).
Gastrite	Aplicar luzes verde (5min.) e azul (10min.).
Gengivite	Aplicar luzes verde (5 min.) e azul (10 min.).
Glândula hipófise	Aplicar luz índigo (5 min.).

Glândula suprarrenal	Aplicar luz laranja (5 min.).
Glândula timo	Aplicar luz violeta (5 min.).
Glândulas salivares	Aplicar luz azul (10 min.).
Glândulas tireoide e paratireoide	Aplicar luz azul (5 min.).
Glaucoma	Aplicar luz índigo (10 min.)
Gonorreia	Aplicar luzes verde (5 min.) e azul (10 min.).
Gordura localizada	Aplicar luz laranja (10 min.). Tomar água solarizada laranja.
Gota	Aplicar luzes laranja (5 min.), verde (5 min.) e azul (5 min.). Tomar água solarizada laranja.
Gripe ou Resfriado	Aplicar luzes laranja (5 min.), verde (5 min.) e azul (5 min.) nas vias respiratórias. Fazer exercício de respiração da cor azul.
Hanseníase	Aplicar luzes verde (5 min.), azul (10 min.). Tomar água solarizada azul.
Hematoma	Aplicar luzes verde (5 min.) e amarela (10 min.).

Hemofilia	Aplicar luzes verde (5 min.) e azul (10 min.). Tomar água solarizada azul.
Hemorragia	Aplicar luzes verde (5 min.) e índigo (10 min.).
Hepatite	Aplicar luzes laranja (3 min.), verde (5 min.), azul (5 min.) e violeta (2 min.).
Hérnia de disco ou bico de papagaio	Aplicar luzes laranja (5 min.), verde (2 min.) e azul (10 min.).
Hérnia de hiato	Aplicar luzes verde (5 min.) e laranja (10 min.). Tomar água solarizada azul.
Herpes	Aplicar luzes verde (5 min.) e azul (10 min.)
Hiperidrose	Aplicar luz azul (5 min.).
Hipertensão	ver pressão alta.
Hipertiroidismo	Aplicar luz azul (10 min.).
Hipófise	Aplicar luz índigo (10 min.).
Hipoglicemia	Aplicar luzes verde (5 min.) e amarelo (5 min.). Tomar água solarizada verde.
Hipotireoidismo	Aplicar luzes laranja (5 min.), verde (5 min.) e azul (5 min.).
Icterícia	Aplicar luzes verde (5 min.) e azul (10 min.).

Impotência sexual	ver disfunção erétil.
Incontinência urinária	Aplicar luzes verde (5 min.) e azul (10 min.).
Infarto	Aplicar luz verde (10 min.). Projetar mentalmente o verde durante todo o socorro e no período de recuperação.
Infecção Urinária e/ou nefrite	Aplicar luzes: verde (5 min.), azul (5 min.) e violeta (5 min.).
Infecções	Aplicar luzes verde (5 min.), azul (5 min.) e violeta (5 min.).
Infertilidade ou esterilidade	Aplicar luzes verde (5 min.) e vermelha (10 min.) nos homens e verde (5 min.) e rosa (10 min.) nas mulheres. Tomar água solarizada: homens vermelha e mulheres rosa.
Inflamações em qualquer parte do corpo	Aplicar luzes verde (5 min.), azul (5 min.) e índigo (5 min.), na área afetada.
Insônia	Aplicar luz azul (10 min.). Dormir com luz azul acesa.
Intestino Preso	Aplicar luzes amarela (10 min.), verde (5 min.) e azul (2 min.). Tomar água solarizada amarela.

Intestinos delgado e grosso	Aplicar luz azul (15 min.). Tomar água solarizada azul.
Intolerância a lactose	Aplicar luzes verde (5 min.), azul (10 min.). Tomar água solarizada azul.
Intoxicação alimentar	Aplicar verde (5 min.), amarela (5 min.) e laranja (3 min.). Tomar água solarizada azul.
Joanete	Aplicar luzes laranja (5 min.), verde (2 min.) e azul (3 min.).
Joelho, dor, lesões e outros distúrbios	Aplicar luz azul (15 min.)
Labirintite	Aplicar luzes verde (5 min.) e laranja (5 min.). Em outro momento ou após 2 horas aplicar verde (5 min.) e índigo (5 min.).
Lactose	ver intolerância.
Laringe	Aplicar luz azul (5 min.).
Laringite	Aplicar luzes verde (5 min.), azul (5 min.) e índigo (5 min.).
Leucemia	Aplicar luzes verde (5 min.), azul (5 min.) e violeta (5 min.).
Língua	Aplicar luz azul (5 min.).
Lordose	Aplicar luz azul (10 min.).
Luxação	Aplicar luzes verde (5 min.), azul (5 min.) e índigo (5 min.).

Má digestão	Aplicar luzes verde (2 min.), amarelo (5 min.) e laranja (5 min.). Tomar água solarizada amarela.
Malária	Aplicar luzes verde (5 min.), azul (5 min.), índigo (5 min.) e violeta (2 min.).
Mamas, coceira	Aplicar luzes verde (5 min.) e azul (5 min.). **Flacidez** – verde (5 min.) e laranja (5 min.). **Nódulos** – verde (5 min.), laranja (5min) e rosa (5 min.). **Tumor maligno** – laranja (5 min.), verde (5 min.), azul (5 min.) e violeta (5 min.).
Manchas na pele	Aplicar luzes amarela (5 min.), verde (2 min.) e azul (5 min.).
Mastite (inflamação do seio)	Aplicar luzes verde (5 min.), azul (5 min.), índigo (2 min.) e rosa (5 min.).
Meningite	Aplicar luzes verde (5 min.), azul (5 min.) e violeta (10 min.).
Menisco	Ver joelho.
Menopausa	Aplicar luzes verde (5 min.), índigo (10 min.) e rosa (5 min.), na regiões frontal e pélvica.

Menstruação	Aplicar luzes verde (5 min.) e rosa (10 min.). **Hemorragia menstrual** – Aplicar luzes verde (5 min.), índigo (5 min.) e rosa (5 min.). Suspensão (amenorreia) – Aplicar laranja (3 min.) e rosa (10 min.). Tomar água solarizada rosa.
Miastenia	Aplicar luzes verde (5 min.) e vermelho (5 min.)
Micoses	Aplicar luzes verde (5 min.), azul (5 min.) no local afetado.
Miomas e/ou fibromas	Aplicar luzes verde (5 min.), laranja (5 min.).
Miopia	Aplicar luz índigo (5 min.).
Náusea	Aplicar luz azul (10 min.).
Nefrite	Consulte infecção urinária.
Nervos	Aplicar luz violeta (5 min.). Dor: azul (10 min.) e violeta (2 min.).
Nevralgias do trigêmeos e outras	Aplicar luzes verde (2 min.), azul (10 min.) e violeta (3 min.).
Nódulos mamários	Aplicar verde (5 min.), laranja (5 min.) e rosa (5 min.). Tumor maligno – laranja (5 min.), verde (5 min.), azul (5 min.) e violeta (5 min.).

Nódulos na tireoide	Aplicar laranja (5 min.), verde (5 min.), e azul (5 min.).
Obesidade	Aplicar luzes laranja (5 min.) e vermelho (5 min.). Tomar água solarizada vermelha.
Olhos	Aplicar luz índigo (5 min.).
Osteomielite	Aplicar luzes verde ou verde-limão (5 min.), azul (5 min.) e índigo (5 min.).
Osteoporose e osteopenia	Aplicar luzes verde ou verde-limão (5 min.) e amarelo (5 min.). Tomar água solarizada verde-limão.
Otite (inflamação do ouvido)	Aplicar luzes verde (2 min.), azul (3 min.) e índigo (10 min.).
Ovário policístico	Aplicar luzes verde (3 min.), laranja (10 min.) e rosa (5 min.). Tomar água solarizada rosa.
Palpitações	Aplicar luz verde (10 min.).
Pâncreas	Aplicar luz amarela (10 min.). Tomar água solarizada amarela.
Pancreatite	Aplicar luzes verde (5 min.), azul (5 min.) violeta (5 min.). Tomar água solarizada amarela.

Panturrilha (músculo da batata da perna)	Aplicar luz vermelha (5 min.).
Paralisias	Aplicar luzes verde (5 min.) e amarela (10 min), na área do corpo afetada.
Paratireoides	Aplicar luz índigo (5 min.).
Parkison	Aplicar luzes verde (5 min.), azul (5 min.) e violeta (5 min.). Tomar água solarizada violeta.
Pele	Aplicar luzes amarela (5 min.) e/ou azul (5 min.).
Perda da voz	Aplicar luzes verde (5 min.) e azul (10 min.) na garganta.
Pleurite	Aplicar luzes verde (5 min.), azul (5 min.) e índigo (5 min.) nos pulmões.
Perda da voz	Aplicar luzes: verde (5 min.) e azul (10 min.) na garganta.
Pleurite	Aplicar luzes verde (5 min.), azul (5 min.) e índigo (5 min.) nos pulmões.
Pneumonia	Aplicar luzes verde (3 min.), laranja (10 min.). Fazer exercício de respiração da cor laranja.

Poliomielite	Aplicar luzes verde (5 min.), azul (5 min.) e violeta (10 min). Tomar água solarizada violeta.
Pressão alta	Aplicar luzes verde (10 min.) e azul (5 min.), no sistema circulatório.
Pressão baixa	Aplicar luzes verde (10 min.) e vermelha (5 min.), no sistema circulatório.
Prisão de ventre	Aplicar luz laranja (10 min.).
Próstata	Aplicar luz vermelha (5 min.), para energizar. Problemas: aumentada – verde (5 min.) e azul (5 min.). Tumor de próstata – aplicar luzes laranja (5 min.) verde (5 min.) e azul (5 min.), caso seja maligno, acrescentar violeta (10 min.).
Psoríase	Aplicar luz verde (5 min.) e azul (5 min.).
Pulmões	Aplicar luz laranja (10 min.). Fazer exercício de respiração da cor laranja.
Punho, dor	Aplicar luz azul (10 min.).
Quadril, articulações e ossos	Aplicar luz azul (10 min.).

Queimaduras	Aplicar luzes amarela (1 min.), verde (4 min.) e azul (10 min.) no local.
Queixo	Consulte mandíbula.
Refluxo	Aplicar luz azul (10 min.).
Resfriado	consulte gripe.
Retina, deslocamento	Aplicar luzes verde (5 min.) e índigo (10 min.).
Reumatismo	Aplicar luzes verde (5 min.) e azul (10 min.). Tomar água solarizada azul.
Rim	Aplicar luz verde (10 min.). Tomar água solarizada amarela.
Rinite	Aplicar luzes verde (5 min.), azul (5 min.) e índigo (5 min.). Fazer exercício de respiração da cor azul.
Ronco	Aplicar luz laranja (10 min.) antes de dormir. Fazer exercício de respiração da cor laranja.
Rouquidão	Aplicar luz azul (10 min.). Fazer exercício de respiração da cor azul. Fazer gargarejo com água solarizada verde e azul.

Rubéola	Aplicar luz verde (5 min.), azul (5 min.), e violeta (5 min.).
Sangue	Aplicar luz verde (10 min.). Tomar água solarizada verde.
Sarampo	Aplicar luz verde (5 min.), (5 min.) e azul (5 min.).
Sífilis	Aplicar luzes verde (5 min), azul (5 min) e violeta (5 min).
Síndrome do pânico	Aplicar luz laranja (15 min.).
Síndrome do túnel do carpo	Aplica luzes verde (5 min.) e azul (10 min.).
Sinusite	Aplicar luz verde (5 min.), azul (5 min.) e índigo (5 min.). Fazer exercício de respiração da cor azul.
Sistema articular	Aplicar luz azul (5 min.).
Sistema circulatório	Aplicar luz verde (5 min.).
Sistema digestório	Aplicar luz amarelo (5 min.).
Sistema digestório	Aplicar luz amarelo (5 min.).
Sistema endócrino	Aplicar luz índigo (5 min.).
Sistema muscular	Aplicar luz vermelho (5 min.).

Sistema nervoso	Aplicar luz violeta (5 min.).
Sistema ósseo	Aplicar luz verde ou verde-limão (5 min.).
Sistema reprodutor feminino	Aplicar luz rosa (5 min.).
Sistema reprodutor masculino	Aplicar luz vermelha (5 min.).
Sistema respiratório	Aplicar luz laranja (5 min.).
Sistema urinário	Aplicar luz amarelo (5 min.).
Soluço	Aplicar luzes laranja (5 min.), verde (3 min.), azul (5 min.). Fazer exercício de respiração da cor laranja.
Sono excessivo	Aplicar luz laranja (10 min.).
Suco gástrico	Aplicar luz azul (5 min.).
Sudorese	Ver suor.
Suor excessivo	Aplicar luz azul (5 min.).
Surdez	Aplicar luz índigo (10 min.).
Taquicardia	Aplicar luz verde (10 min.).
Tendinite	Aplicar luzes verde (5 min.), azul (5 min.) e índigo (5 min.).
Tenossinovite	Aplicar luzes verde (5min.), azul (5min.) e índigo (5min.).
Tique nervoso	Aplicar luz verde (5 min.) e azul (5 min.).
Tireoide	Aplicar luz azul (5 min.).

Torcicolo	Aplicar luzes laranja (3 min.), verde (2 min.) e azul (5 min.).
Tornozelo, problemas	Aplicar luz azul (5 min.).
Tosse	Aplicar luzes amarela (2 min.), verde (3 min.) e azul (5 min.). Fazer exercício de respiração da cor azul.
Toxoplasmose	Aplicar luzes verde (5 min.), azul (5 min.) e violeta (5 min.).
TPM (tensão pré-menstrual)	Aplicar luzes verde (5 min.), rosa (5 min.)
Transpiração excessiva	Aplicar luz azul (5 min.).
Transtorno bipolar do humor	Aplicar luz verde (10 min.). Na fase depressiva incluir o laranja (5 min.); durante os períodos de mania incluir o azul (5 min.).
Transtorno obsessivo compulsivo (TOC)	Aplicar luzes verde (5 min.) e azul (10 min.).
Triglicérides, taxas elevadas	Aplicar luz laranja (10 min.) na corrente sanguínea. Tomar água solarizada laranja.
Trombose	Aplicar luz verde (15 min.). Tomar água solarizada verde.

Tubas uterinas	Aplicar luz verde (5 min.) e laranja (5 min.) na região afetada.
Tuberculose	Aplicar luz verde (5 min.) e laranja (5 min.) na região afetada.
Tumor em qualquer órgão do corpo	Aplicar luzes laranja (5 min.), verde (5 min.) e azul (5 min.), caso seja maligno acrescentar o violeta (10 min.).
Úlcera	Aplicar luzes verde (5 min.) e azul (10 min.). Tomar água solarizada azul.
Unha encravada	Aplicar luzes verde (3 min.) e azul (5 min.).
Uretrite	Aplicar luzes verde (2 min.), azul (5 min.) e índigo (3 min.).
Útero	Aplicar luz rosa (5 min.).
Vaginismo	Aplicar luzes verde (3 min.) e azul (10 min.).
Varicocele	Aplicar luzes laranja (2 min.), verde (3 min.) e azul (5 min.).
Varizes	Aplicar luzes laranja (3 min.), verde (2 min.) e azul (10 min.).

Vasos sanguíneos	Aplicar luzes verde (5 min.) e azul (10 min.). Tomar água solarizada azul. Em caso de doenças, use as cores indicadas neste índice.
Veias	Consulte vasos sanguíneos.
Vermes	Aplicar luzes verde (2 min.), amarela (5 min.) e laranja (5 min.). Tomar água solarizada amarela.
Vesícula biliar, cálculo	Aplicar luz laranja (10 min.).
Vitiligo	Aplicar luzes verde (5 min.) e amarela (10 min.).
Vômito	Aplicar luz azul (10 min.).
Voz	Aplicar luzes verde (5 min.) e azul (10 min.).

Referências bibliográficas

AMBER, Reuben. *Cromoterapia a cura através das cores*. São Paulo, Ed. Cultrix, 1983.

ANDERSON, Mary. *Cromoterapia - A cura pelas cores*. São Paulo, Ed. Hemus, 1983.

BERGER, Ruth. *A aura e suas cores*. São Paulo, Ed. Pensamento, 1986.

BOWERS, Barbara. *Qual é a cor de sua aura?* 4ª edição, São Paulo, Ed. Saraiva, 1991.

BUCKLAND, Raymond. *O poder Mágico das cores*. 3ª edição, São Paulo, Ed. Siciliano, 1991.

EDDE, Gérard. *Cores para sua saúde*. São Paulo, Ed. Pensamento, 1993.

FARINA, Modesto. *Psicodinâmica das cores em comunicação*. 4ª edição, São Paulo, Edgard Blucher, 1990.

GIMBEL, Theo. *A energia curativa através das cores*. São Paulo, Ed. Pensamento, 1980.

GIMBEL, Theo. *Forma, Som, Cor e Cura*. São Paulo, Ed. Pensamento, 1987.

HUNT, Roland. *As sete chaves da cura pela cor*. São Paulo, Ed. Pensamento, 1971.

LACY, Marie Louise. *Conhece-te através das cores*. São Paulo, Ed. Pensamento, 1989.

PARKER, Steve, *O livro do corpo humano*, Ciranda Cultural, 2012.

ROSSETI, Hiezza. *Sucesso em cores*. São Paulo, Ed. Madras, 1993.

RUNGE, Marschall S.; GREGANTI,M. Andrew, *Medicina interna de Netter*, Artmed, 2005.

SOARES, Paulo Toledo. *O mundo das cores*. 3ª edição, São Paulo, Ed. Moderna, 1991.

TORTORA, Gerard J.; DERRICKSON, Bryan, *Princípios de anatomia e fisiologia*, Ed. Guanabara, 2010.

VALCAPELLI. *As cores e suas funções*. São Paulo, Ed. Roka, 2001.

VALCAPELLI. *Cromoterapia - A cor e você*. 7ª edição, São Paulo, Ed. Roca, 1994.

Rua das Oiticicas, 75 — SP
55 11 2613-4777

contato@vidaeconsciencia.com.br
www.vidaeconsciencia.com.br